O menino que acreditava em *milagres*

Universo dos Livros Editora Ltda.
Rua do Bosque, 1589 – Bloco 2 – Conj. 603/606
CEP 01136-001 – Barra Funda – São Paulo/SP
Telefone/Fax: (11) 3392-3336
www.universodoslivros.com.br
e-mail: editor@universodoslivros.com.br
Siga-nos no Twitter: @univdoslivros

JOHN O'LEARY
com Cynthia DiTiberio

O menino que acreditava em *milagres*

São Paulo
2016

UNIVERSO DOS LIVROS

Diretor editorial: **Luis Matos**
Editora-chefe: **Marcia Batista**
Assistentes editoriais: **Aline Graça e Letícia Nakamura**
Tradução: **Súria Scapin**
Preparação: **Sandra Scapin**
Revisão: **Geisa Olivera e Alexander Barutti**
Arte: **Francine C. Silva e Valdinei Gomes**
Diagramação: **Cristiano Martins**
Capa: **Zuleika Iamashita**

Dados Internacionais de Catalogação na Publicação (CIP)
Angélica Ilacqua CRB-8/7057

O38m

O'Leary, John

O menino que acreditava em milagres / John O'Leary; tradução de Súria Scapin. – São Paulo: Universo dos Livros, 2016.

280 p.: il.

ISBN: 978-85-503-0044-3

Título original: *On fire*

1. Biografia 2. História de superação 3. Autoajuda I. Título II. Scapin, Súria

16-0705 CDD 158.1

Para minha esposa, Beth.

Na noite em que nos conhecemos, você teve a coragem de pegar minha mão e me levar para dançar. Desde então, dançamos juntos por meio da amizade, do namoro, do casamento, da paternidade, dos desafios, das alegrias e da vida.

Obrigado por estar sempre me incentivando, por ser uma mãe maravilhosa, uma esposa incrível e minha melhor amiga.

Amo você.

Sumário

INTRODUÇÃO:

Entusiasmo

A arma mais poderosa do mundo é a alma humana entusiasmada.

– MARECHAL FERDINAND FOCH

Sim.

Era uma resposta simples.

E não era a que ele esperava.

Eu estava em Xangai, diante de um auditório lotado, e tinha acabado de compartilhar a história da minha vida. Na hora anterior, durante a minha palestra, descrevi o dia em que, quando criança, sofri queimaduras terríveis, os meses que fiquei no hospital e os diversos desafios que enfrentei depois disso.

Foi uma experiência devastadora, transformadora e trágica.

Então, um homem fez uma pergunta para a qual a resposta parecia óbvia. Ele me perguntou se eu faria tudo de novo caso pudesse voltar no tempo, ou seja, se pudesse voltar àquele sábado de manhã, àquele momento quando peguei a gasolina e me queimei, se repetiria o que fiz.

Olhei para ele, pensei por um momento e respondi com sinceridade.

Sim!

Ele ficou olhando para mim, confuso.

Você, realmente, escolheria quase morrer? Ter cem por cento do corpo queimado? Realmente, optaria por uma desesperada batalha pela vida, por passar cinco meses no hospital e manter apenas as funções básicas durante outros oito meses depois disso? E, de verdade, escolheria passar pela vida com cicatrizes por todo o corpo, sem alguns dedos e recebendo olhares e comentários sussurrados todos os dias da sua vida?

Sim!

E vou lhe dizer o porquê.

O incêndio foi devastador, quase me matou e, certamente, deu início a desafios que eu enfrentaria por toda a vida.

Mas também foi o que me fez ser quem eu sou hoje.

Então, por mais que seja verdade que, se eu não tivesse me queimado, todas as dificuldades decorrentes do incêndio estariam eliminadas, também é verdade que eu abriria mão de tudo o que conquistei por causa disso.

Veja, tudo de bom e de valioso em minha vida hoje surgiu por conta da tragédia daquelas chamas. Quando criança, no meio das dolorosas cinzas da recuperação, moldei meu caráter e minha audácia, minha compaixão, minha fé e motivação. Tudo isso levou-me a uma clara perspectiva do que realmente importa e a uma visão mais concreta do que é possível. Por conta do incêndio, não considero nada como garantido, sou grato por todos os dias e tenho certeza de que o melhor está sempre por vir.

O incêndio fez com que minha comunidade escolar amadurecesse. Transformou crianças em colegas de classe compassivos e dispostos a ajudar seu colega, que, naquele momento, passara a ter algumas necessidades especiais. Depois, orientou minha escolha de universidade, que gerou o fortuito encontro com uma linda moça chamada Beth, que levou a quatro filhos.

Hoje, vivo uma vida incrível, radicalmente inspiradora.

Uma vida radicalmente inspiradora significa que você aceita as lições do passado, engaja-se ativamente no milagre de cada momento, e abre espaço às ilimitadas possibilidades do amanhã. No entanto, isso não significa uma existência livre de dor e de erros. Longe disso. Uma vida radicalmente inspiradora significa que você tem a capacidade de aprender com os erros do passado, superar os desafios pessoais e prosperar na vida, independentemente das circunstâncias.

Eu não estaria vivendo uma vida radicalmente inspiradora se não tivesse me queimado naquele incêndio.

Se tenho cicatrizes?

Pode apostar. Elas cobrem todo o meu corpo.

Se perdi meus dedos?

Sim.

Foi devastador para minha família?

Sem a menor dúvida.

Mas superamos.

Não é mais algo que nos define de maneira negativa.

De fato, tornamo-nos significativamente melhores por conta do que aconteceu.

E não estamos sozinhos.

Todos enfrentamos incêndios na vida, todos nos queimamos.

Todos enfrentamos momentos em que tudo na vida parece estar indo conforme o planejado: filhos saudáveis, sucesso profissional, sonhos se realizando e, de repente, *Boom*! Uma explosão.

A vida muda completamente.

Talvez o seu momento tenha sido um diagnóstico indesejado.

Um filho doente.

Um negócio que deu errado.

Qualquer que seja a causa, toda a sua vida se desestabiliza.

Eu chamo esses momentos de *pontos de inflexão*. São momentos específicos que mudam tudo o que acontece depois. Em um instante, as trajetórias da vida, dos negócios e dos relacionamentos são alteradas.

Também há cenários positivos.

Quando surge um novo relacionamento, uma incrível proposta de trabalho, uma nova perspectiva da vida.

Mais importante que o ponto de inflexão em si é a maneira como você escolhe reagir a ele. Se esse momento vai impactar sua vida de maneira positiva ou negativa, no fim, é uma escolha.

É uma escolha sua.

Essas escolhas se somam na vida que você vive hoje.

E essas escolhas determinam a vida que você vai viver amanhã.

Escrevi este livro para ajudá-lo a despertar para o fato de que você tem uma vida para viver, uma oportunidade para fazer a diferença e um legado para assinar. Quer sua história de vida seja épica, para celebrar, quer seja uma tragédia, para lamentar, isso tem pouco a ver com os eventos nela ocorridos e muito mais com a maneira como você responde a eles. A partir de agora, nada mais de sonambulismo, nada mais de vida acidental.

Este livro vai lembrá-lo de que nem sempre você pode escolher o caminho da vida, mas sempre pode escolher a maneira como vai caminhar por ele.

Vai inspirá-lo a assumir as rédeas e o poder sobre suas escolhas diárias e a reconhecer o valor da sua história pessoal e da força da sua motivação interna.

Vai libertá-lo para dizer *sim* para as adversidades passadas, *sim* para as possibilidades futuras e *sim* para o despertar do milagroso presente de cada momento.

E vai fazê-lo iniciar uma vida absolutamente *inspiradora.*

Então, se eu faria de novo?

Sim!

E, à medida que seguir lendo, entenderá meus motivos e concordará que você também faria tudo de novo.

À sua frente há fogo e água.
Qualquer um que escolha, basta esticar a mão.
À sua frente estão a vida e a morte.
Qualquer um que escolha, lhe será dado.

– Eclesiástico, 200 a.C.

1

Você quer morrer?

Viver não significa evitar a morte;
trata-se de escolher viver de verdade.

As enfermeiras estão agitadas.

Continuam me dizendo que está tudo bem. Que eu vou ficar bem. Dizem que vão ficar comigo e que não há motivo para ter medo.

Então, por que não param de correr à minha volta?

Por que parecem em pânico?

Por que continuam me cutucando e cochichando?

Eu as via me rodeando, afobadas.

Então, olhei para baixo, para meu corpo, e não parecia comigo.

Olhei para as minhas mãos, mas não pareciam as minhas mãos. Olhei para os restos do abrigo verde e para os tênis que usava, e eles tinham se tornado uma única coisa com meus braços e minhas pernas.

A dor era intensa.

O incêndio daquela manhã havia modificado tudo.

Tudo.

Uma enfermeira disse mais uma vez que tudo ficaria bem. E eu sabia que ela estava errada.

Eu realmente tinha estragado tudo naquele dia. Naquele dia, explodi a garagem de meus pais.

Eu não queria.

Nem foi minha culpa, na verdade.

É que, um pouco antes, na mesma semana, eu tinha visto uns meninos maiores da vizinhança brincando com fogo. Eles jogaram um pouco de gasolina na calçada, afastaram-se, e um dos garotos grandes, do sétimo ano, acendeu o fósforo.

A poça ganhou vida.

Era incrível!

E eu achei que, se eles podiam fazer aquilo sem dificuldades, eu também poderia.

Então, naquela manhã, como meus pais não estavam em casa, fui até a garagem. Coloquei fogo em um pequeno pedaço de papelão no fogão, fui até o galão de vinte litros de gasolina e virei-o para derrubar um pouco sobre o pedaço de papel.

Assim como os outros garotos, só queria ver as chamas dançar.

Mas o grande galão vermelho era muito pesado para que eu o levantasse.

Então, coloquei o pedaço de papel no chão da garagem.

Ajoelhei-me, agarrei o galão e, cuidadosamente, virei-o na direção da chama.

Esperei para que o líquido caísse.

E isso nunca aconteceu.

Minha próxima lembrança é de um forte barulho. A explosão lançou-me contra a parede do outro lado da garagem.

Meus ouvidos zumbiam.

Meu corpo doía.

Minhas roupas estavam encharcadas de gasolina.

Eu estava em chamas.

Eu estava em chamas!

Sentia-me tonto. Tudo à minha volta estava em chamas. A única maneira de sair da garagem era cruzar as labaredas.

Sim, eu me lembro de que me ensinaram a parar-deitar-rolar.

Mas eu estava tão assustado.

Sentia tanta dor.

Precisava que alguém me salvasse.

Então, comecei a correr.

Corri pelas labaredas.

Subi dois degraus e abri a porta da casa. Corri, me debatendo e gritando, para dentro. Fui até as escadas, sem saber muito bem o que fazer. Gritando para que alguém, qualquer pessoa, me ajudasse.

Fiquei no hall de entrada, gritando.

Eu continuava queimando.

Duas de minhas irmãs desceram as escadas. Elas olharam para mim, cobriram o rosto e gritaram de pavor.

Então, vi meu irmão mais velho, Jim. Ele correu na minha direção, pegou o capacho da entrada e começou a bater em mim com ele. Ele ficou batendo com aquele capacho até que me jogou no chão, me enrolou no tapete e me levou para fora.

O fogo tinha se apagado.

Mas o estrago já estava feito.

Alguns minutos depois, a ambulância desceu a rua com as sirenes ligadas.

Tentei correr em sua direção, mas minhas pernas mal se moviam. Então, fui mancando. Nu. Minhas roupas e pele haviam se queimado.

Eu esperava que ninguém me visse.

Estava envergonhado. Assustado. Tinha frio.

Só queria entrar.

Saltei para dentro da ambulância e Jim estava logo atrás de mim, pronto para entrar também.

– Sinto muito, você não pode vir – disse o paramédico, enquanto fechava as portas.

Jim tentou argumentar, explicou que éramos irmãos, mas o homem repetiu:

– Sinto muito.

E fechou a outra porta.

A ambulância partiu. Pela janela traseira, vi meu irmão e minhas duas irmãs parados no jardim de casa e a fumaça que subia atrás deles.

Fomos embora.

Tudo isso aconteceu nessa manhã.

Agora, estou em uma sala de emergência.

Tudo mudou.

Sinto-me desesperadamente só.

Então, ouço uma voz no corredor.

Mãe!

Finalmente!

Ela sempre faz as coisas melhorarem. Sei que vai poder ajeitar isso.

Ouço seus passos.

Vejo a cortina em volta da minha cama se abrir.

Ela vem para o meu lado, pega minha mão queimada nas suas e delicadamente acaricia a minha cabeça careca e em carne viva.

– Oi, querido – ela diz, com um sorriso no rosto.

Olho para a minha mãe. Lágrimas que eu nem percebia estar segurando começaram a escorrer pelo meu rosto.

– Mãe – eu disse, com a voz trêmula –, eu vou morrer?

Sei que isso é horrível. E eu queria tanto seu caloroso incentivo. Queria que ela mandasse meu medo embora. Queria ser abraçado e reconfortado com esperança e força. Queria que ela me beijasse como só as mães sabem fazer.

Esperei pela promessa dela de que cuidaria de tudo. Ela sempre resolve tudo.

Sempre.

Minha mãe, gentilmente, apertou a minha mão entre as suas.

Olhou dentro dos meus olhos.

Organizou seus pensamentos e disse:

– Você quer morrer, John? A escolha é sua, não minha.

Três verões antes do incêndio, eu estava na piscina do bairro.

Era uma tarde de verão do Centro-oeste, perfeita para nadar. Muita umidade. Um calor absurdo. Absolutamente perfeita!

A água estava cheia de crianças e o deque, lotado de pais. Faltavam algumas semanas para eu completar sete anos, estava aprendendo a nadar e adorava minha recém-descoberta independência. Isso mesmo, nada de boias para mim!

Mas o excesso de confiança pode ser um risco fatal.

Foi isso o que me fez chegar perto demais da parte funda da piscina. Minha cabeça estava para fora da água enquanto eu tocava o fundo da piscina com os pés e pegava impulso. E, de repente, escorreguei. O piso escorregadio logo me levou para a parte mais funda. Não havia nada sob meus pés. Era fundo. Eu estava afundando.

Cheguei até o fundo. Nem mesmo tentei mover braços e pernas. Não sei ao certo se eu sabia que isso seria inútil ou se sabia que alguém viria me resgatar. Mas, simplesmente, fui parar no fundo da piscina.

Olhando para cima.

Aguardando.

Esperançoso.

Ansioso.

Seguro.

Então, a água sobre mim se abriu e uma pessoa rapidamente me pegou e me levou até a superfície e até a borda, tirando-me da água.

Era a minha mãe.

Ela tinha pulado na piscina de roupa.

Salvou a minha vida naquele dia.

Ela me secou, enrolou-se em uma toalha, deu-me um picolé, tirou o relógio encharcado e seguiu em frente. Naquele dia – e em inúmeras outras situações – ela mostrou que sempre estaria ao meu lado. Sempre me salvaria. Eu só precisava estender a mão e ela a pegaria.

Assim, no dia em que me queimei, enquanto ela segurava a minha mão e eu perguntei se ficaria bem, já sabia o que ela faria e que palavras diria.

"Querido, você está bem. Vai voltar pra casa ainda hoje. Se for corajoso, compro um *milk-shake* no caminho de volta. Agora, você só precisa decidir se quer de chocolate ou de baunilha."

Eu queria a promessa do *milk-shake*!

Em vez disso, o que recebi foi:

"Você quer morrer, John? A escolha é sua, não minha."

Espera aí. O QUÊ?

Que tipo de pergunta é essa para se fazer a um garotinho na sala de emergência do hospital!?

AFUNDAR OU NADAR

Você pode estar pensando que minha mãe é a pessoa mais fria e insensível de todos os tempos.

Não vou discutir esse ponto com ninguém.

Quero dizer, quem não oferece a seu filho pequeno, morrendo na cama do hospital, um pouco de amor e incentivo? Que tipo de mulher pode ser tão indiferente e distante? Ela não sabia que aquele pobre garotinho só *queria* um pouco de esperança?

Mas era disso que eu *precisava*?

Porque, olhando agora, foi exatamente isso que ela me deu.

Eu me lembro de olhar para ela e responder:

– Eu não quero morrer. Quero viver.

– Então, John – ela respondeu –, precisa lutar como nunca lutou antes. Precisa pegar na mão de Deus, porque terá de fazer essa jornada com Ele. Siga em frente com toda a força que tiver. Seu pai e eu estaremos com você em todos os passos do caminho. Mas, John, me escute: você vai ter de lutar.

Você vai ter de *lutar*.

Antes daquele dia, eu era um típico garotinho de nove anos. Fugia das responsabilidades e não assumia meus atos – e menos ainda suas consequências. Limpava o meu quarto porque tinha de fazê-lo. Fazia a lição de casa porque me obrigavam. Ia para a igreja porque me mandavam ir.

Meus pais estavam no comando.

Eu só seguia.

Eles me davam tudo de que eu precisava e eu, alegremente, aceitava. Eu estava um pouco... no meu direito.

Era o quarto filho de pais que se amavam. E que também amavam os seus seis filhos.

Eu vivia em uma bela casa.

Meu pai trabalhava e minha mãe ficava em casa.

Nosso bairro era seguro.

Eu frequentava uma ótima escola.

Íamos à igreja aos domingos, comíamos panquecas de mirtilo depois do culto e, à noite, frango frito, na casa da vovó.

Tínhamos até um Golden retriever.

Tínhamos tudo.

A vida era perfeita.

E, de repente, tudo mudou.

Sempre muda.

Quando a vida muda dessa maneira, podemos implorar e suplicar para que tudo volte a ser como era. Sentindo-se com direito àquela realidade, você espera que alguém pegue uma varinha mágica e faça as coisas voltarem ao normal; voltarem ao que a vida costumava ser.

Ou podemos ficar firmes, reconhecer que é hora de seguir em frente e aceitar a total responsabilidade e propriedade sobre a nossa vida.

Seja dono da sua vida, John.

Lute por ela.

A escolha é sua.

Não minha.

A resposta de minha mãe exigia que eu me apropriasse da minha vida. Nada de seguir sentindo-se com direitos, sem assumir responsabilidades. Ela me deu a verdade.

Hoje, refletindo sobre isso, vejo que a pergunta de minha mãe foi um *ponto de inflexão* – um momento que mudou tudo o que veio a seguir.

Naquele dia, no momento mais importante, eu estava à beira do abismo da morte. Minha mãe, corajosamente, foi até lá e olhou para ele comigo. Não demoraria muito para eu desistir, abrir mão e cair naquele abismo.

Mas havia um caminho alternativo, um caminho para seguir em frente. E ela apontou para o outro lado. Na outra direção, havia uma enorme montanha. Parecia impossível escalá-la, mas ela disse que eu poderia fazê-lo. Que eu poderia dar as costas para o abismo e caminhar a passos pequenos e desordenados, subir a montanha e voltar a viver.

Todos podemos fazer tal escolha. Escolhemos seguir a vida de maneira vibrante, absorvendo, aceitando e celebrando o que ela nos dá, ou escolhemos fazer o contrário. Ninguém pode tomar essa decisão por nós.

Temos uma vida.

Escolhemos viver.

Ou escolhemos morrer.

VOCÊ QUER MORRER?

De acordo com todas as previsões, eu não deveria ter sobrevivido ao incêndio.

Depois de lutar diversos minutos contra as chamas que queimavam meu corpo, queimei cem por cento dele.

E oitenta e sete por cento das minhas queimaduras eram de terceiro grau.

O pior tipo.

Eram queimaduras profundas, que atingiam as três camadas de pele, o músculo e até os ossos, em alguns pontos.

Pele queimada nunca cresce de novo sem doação de pele. E, ironicamente, a doação deve vir do próprio paciente. Como toda a minha pele havia sido queimada, a única área de doação possível era o couro cabeludo. Praticamente uma tarefa impossível.

Além disso, meus pulmões haviam se danificado por conta da inalação da fumaça. Controlar a temperatura central do meu corpo era difícil sem pele. Além das prováveis infecções.

A situação era extraordinariamente terrível.

Atualmente, o coeficiente de mortalidade para pacientes de queimaduras é calculado tomando-se a porcentagem queimada do corpo mais a idade do paciente. Então, para mim, quase três décadas antes de muitos avanços em tratamentos de queimaduras, a matemática indicava: cem por cento do corpo queimado mais nove anos de idade é igual a absolutamente nenhuma chance de sobrevivência.

O incêndio tinha sido uma sentença de morte.

Minha mãe não sabia disso tudo quando foi me ver na cama do hospital naquela manhã. Não sabia muito sobre como o fogo tinha começado, sobre o tratamento de queimaduras ou sobre o que viria a seguir.

Ela não sabia, naquele momento, como seria a agonia de ir para a cama naquela noite sem saber se seu filho acordaria no dia seguinte. Ela nunca imaginou ficar andando de um lado para o outro pelos corredores do hospital durante a noite, chorando sozinha pelos cantos mais escuros, ou aguentar as horas de agonizante espera enquanto seu filho passava por dúzias de cirurgias e tinha a vida por um fio.

Tudo o que ela sabia – que todos sabíamos – era que a luta tinha começado.

Agora, sinto-me obrigado a compartilhar um segredo e uma boa notícia antes de seguirmos adiante.

Alerta de desmancha-prazeres: não leia a próxima frase se quiser se surpreender com o final do livro.

O garoto sobrevive.

Sim, por mais que esses momentos descritivos do hospital sejam muito fortes, o pior pesadelo de um pai ou de uma mãe, o livro tem um final feliz. É claro, caso contrário, você não estaria lendo estas palavras!

Mas não foi por acaso.

Eu acredito na força da oração, e sei que milhares de preces foram feitas por mim naquela noite, e a cada dia durante os cinco meses seguintes que passei no hospital. Mas eu também acredito que apenas a prece não é algo para mudar a vontade de Deus, e sim para informar e inspirar os próximos passos do indivíduo a quem a prece é oferecida.

Eu sobrevivi por conta de ações e incentivos de pessoas notáveis que estiveram ao meu lado a cada passo, empurrando-me para a luta, implorando para que eu acreditasse, e empoderando-me para que eu pudesse assumir as rédeas de minha vida.

E o garotinho prestes a morrer, hoje está plenamente vivo.

Hoje, tenho um casamento feliz há doze anos. Minha esposa, Beth, e eu temos um casamento forte e quatro filhos saudáveis, lindos e muitas vezes indisciplinados. Três garotos e uma garota. Vivemos em um idílico bairro, participamos ativamente da igreja e vivemos uma vida incrível.

E essa vida incrível é consequência da ousada pergunta:

Você quer morrer?

Uma pergunta forte, que nos lembra de que temos o poder de escolher o caminho para seguir adiante. Podemos não controlar tudo o que nos acontece, mas sempre controlamos a forma como respondemos ao que nos acontece.

Obviamente, minha imprudente escolha de brincar com fogo foi um enorme ponto de inflexão.

Fiz uma escolha simples, de criança. E, em um momento, a minha vida, e a vida de toda a minha família, nunca mais foi a mesma. Não havia como voltar atrás.

Mas esse não foi o único ponto de inflexão que enfrentamos. Incontáveis outros vieram na sequência. Momentos que mudaram tudo o que se seguiu. As escolhas que fizemos podiam levar a uma vida de esperança e possibilidades ou a uma vida de medos e arrependimentos.

E todos tomamos essas decisões durante a vida.

Espero conseguir abrir seus olhos, ajudá-lo a enxergar de verdade o caminho que escolhe trilhar. E para que você escolha um cheio de possibilidades.

A primeira escolha que precisa fazer para iniciar uma vida verdadeiramente inspiradora é *ser dono* da sua vida. É deixar o que é garantido para trás e perceber que depende de você realizar as mudanças em sua vida.

Pare de arranjar desculpas.

É a *sua* vida.

Você quer morrer?

Não?

Ótimo.

Então aja como tal.

NADA MAIS DE ACIDENTES

Um dos meus filmes favoritos é *Gênio indomável*.

Há uma cena muito forte, na qual um jovem aparentemente arrogante, impertinente, sabe-tudo, está no meio de uma conversa séria com o seu terapeuta a respeito do passado. Então, o terapeuta acaba dizendo ao jovem:

Não é sua culpa.

Não é sua culpa.

Não é sua culpa!

Essa cena dura é um momento central do filme. Aceitar a libertadora verdade contida em tais palavras beneficiaria enormemente a nossa vida.

No entanto, meu incentivo foi um pouco diferente.

Quando minha família e eu nos lembramos do incêndio que mudou a vida de todos nós, o descrevemos como "o acidente do John" ou simplesmente "o acidente". O termo *acidente* aparece mais de uma dúzia de vezes em um dos livros que meus pais escreveram, chamado *Overwhelming Odds*.[1]

Acidente.

Deixe-me fazer-lhe uma pergunta: o que você acha que acontece quando alguém vai com fogo até um galão de gasolina?

Isso mesmo.

Não é um acidente: é uma lei da natureza. É o resultado de levar um objeto em chamas para perto de um combustível altamente inflamável.

Sim, eu era uma criança.

---

1 *Todas as adversidades* (tradução livre). (N. T.)

Sim, eu não tinha a menor ideia do que poderia acontecer.

E, sim, eu certamente não esperava a estrondosa explosão que aconteceu, mas chamar isso de acidente diminui a minha responsabilidade no evento.

Quando minha mãe me disse que era minha escolha viver ou morrer, ela fez algo de vital importância. Ela me desafiou a assumir total responsabilidade não apenas pelo que tinha acontecido, mas, mais importante, pelo que aconteceria depois. E esse foi um ponto de inflexão de extrema importância para mim. Eu tinha duas escolhas... assumir a responsabilidade pela minha recuperação e lutar para seguir adiante ou acreditar que alguém me salvaria e eu me sairia bem de forma passiva.

Minha mãe sabia que era questão de vida ou morte, que eu estava na beirada de um abismo. Que, se não assumisse o controle, iria cair. Sabia que não poderia fazer isso por mim. Entendia que eu precisava ser o responsável.

A responsabilidade passa por um mau momento atualmente. Em que você pensa quando alguém fala de responsabilidade? Talvez pense em obrigações, cargas, um peso a carregar. Talvez pense em empresas que evitam suas responsabilidades, destroem a vida das pessoas e depois dão de ombros.

Infelizmente, às vezes parece que vivemos em uma sociedade que adora abrir mão de suas responsabilidades e espera que os outros apareçam para salvar o dia.

Ah, mas a responsabilidade não apenas quer que você não recue na vida acidentalmente, mas também o libera para, intencionalmente, seguir adiante. Dá-lhe o poder de assumir as rédeas da sua vida.

PARE DE IGNORAR AS COISAS

Responsabilidade pessoal é pré-requisito para qualquer conquista valiosa.

Muitos anos atrás, tive a sorte de ser convidado pela Staubach Company, uma empresa imobiliária fundada pelo oficial da marinha e ex-*quarterback* do time Dallas Cowboys, Roger Staubach, para dar uma palestra motivacional sobre como superar desafios no mercado imobiliário. Nas três décadas seguintes, a empresa se tornou um incrível sucesso e Roger a vendeu por mais de seiscentos milhões de dólares em 2008.

Eu fui até Dallas para falar para um grupo de líderes seniores. Quando o meu táxi parou no escritório principal, uma jovem, que organizava o evento, cumprimentou-me na porta. Sorri e conversamos enquanto íamos até o camarim, no qual eu me prepararia para subir ao palco.

Por mais que eu tenha pesquisado a história da companhia e falado com diversos organizadores do evento, achei que deveria me arriscar e perguntar àquela mulher o que parecia mais crítico para o sucesso a longo prazo da empresa.

Ela parou, enquanto me servia uma xícara de café.

Entregou-me o café e, depois, disse:

– Bem, tem essa história que começou a circular por aqui...

Ela explicou-me que Roger Staubach, notoriamente, sempre exigiu responsabilidade de todos os funcionários da empresa. Ele tinha aprendido a importância da responsabilidade como oficial da marinha e, na prática, muitas vezes tinha visto a responsabilidade nos campos de futebol americano, de modo que ele sabia que era fundamental para a construção de um negócio, de uma vida.

Ela explicou-me que ele incentivava cada funcionário a ter seu próprio negócio, apoiar-se e, responsavelmente, trabalhar sobre qualquer coisa que surgisse, fosse com clientes, fosse com integrantes da equipe.

E nem sempre funcionou com facilidade.

Um dia, não conseguindo dividir uma comissão de dezesseis mil dólares, dois corretores foram falar com Staubach. Cada um se achava merecedor de toda a comissão. E ficaram discutindo isso durante dias, até que entregaram os pontos e foram até o chefe para dizer que não eram capazes de resolver a situação e pedir a ele que resolvesse a questão.

Staubach fez algumas perguntas.

Agradeceu os dois pelas respostas.

Perguntou se eles conseguiam enxergar além de suas críticas, ver o lado do outro e chegar a um resultado que fosse bom para os dois. E eles não conseguiam.

Perguntou se concordariam em dividir a comissão, reconhecendo que ambos haviam trabalhado substancialmente para que o negócio fosse fechado. Eles não conseguiam.

Staubach levantou-se. Apertou as mãos de ambos, agradeceu pelo trabalho e, por fim, pela generosidade.

Pegou todo o dinheiro e doou para caridade.

Ele queria que os dois corretores entendessem que seriam responsáveis por chegar ao sucesso juntos ou por fracassar juntos. Era uma escolha deles.

Ninguém nunca mais levou tal tipo de reclamação ao chefe. Problemas futuros, quando ocorriam, passaram a ser resolvidos entre as partes.

Agradeci a jovem por compartilhar aquela história comigo. Aquilo me ajudou a entender a cultura da empresa e o tipo de conselho de liderança que poderia ser relevante. Contudo, essa história serve para muito mais do que para os negócios.

Você pode se lembrar de algum momento em que teve vontade de agir como esses corretores?

Em determinados momentos de sua vida, você desejou dar de ombros, abrir mão e buscar outra pessoa para resolver os seus problemas? É compreensível querer tirar o corpo fora e colocar o ônus em outras pessoas.

Costumamos fazer isso com coisas que fogem ao nosso controle.

Apontamos para as situações e dizemos: *Não é minha culpa. O trânsito estava péssimo. O mercado é péssimo. O mundo é uma bagunça.*

Apontamos para pessoas e dizemos: *Não é minha culpa. Ela é muito difícil. Meus funcionários são uns idiotas. Meus pacientes são carentes. A comissão é toda minha.*

Mas desculpas não levam você a lugar nenhum.

Aqui está o desafio que proponho: apague "Não é minha culpa" do seu vocabulário. Sempre que sentir que a frase está vindo para sair pela sua boca, pare. Em vez disso, diga: "É a minha vida e eu sou responsável por isso".

Isso muda tudo.

É a minha vida e eu sou responsável por isso.

Ninguém virá salvá-lo.

Assumir a responsabilidade significa que você toma para si as rédeas da sua vida. Que você percebe que tem a chave para mudar as coisas, solucionar os seus problemas, melhorar a sua vida e fazer a diferença. E isso não se refere apenas a ações e ajustes. Assumir a responsabilidade também nos dá o poder de deixar que as coisas passem, de aceitar as coisas que não podemos mudar e de perdoar acontecimentos e pessoas que nos feriram no passado. Exige que paremos de dar de ombros, de abrir mão e de achar que não podemos fazer nada.

Sua vida lhe oferece diariamente pontos de inflexão para que você pare de olhar para fora, pare de esperar que outra pessoa venha resolver tudo e pare de agir passivamente enquanto espera que alguém tome a frente.

É o seu momento de escolher viver.

Viver de verdade.

Ser dono da sua vida.

PEGUE O SEU GARFO

Você já experimentou a alegria de sentir que, finalmente, conquistou algo?

Pode ter sido a sua graduação, o seu primeiro emprego, o seu casamento. Você trabalhou, lutou, dedicou-se e conquistou. Subiu uma montanha rochosa até o topo – e então descobriu que a parte difícil da jornada estava apenas começando?

Para mim, essa experiência foi voltar para casa depois do incêndio. Eu tinha nove anos, acabara de passar quase cinco meses no hospital, tinha superado diversas cirurgias e tivera meus dedos amputados. A dolorosa experiência de ficar longe da família, enfrentando diversos procedimentos, enfim, tinha chegado ao fim. A luta estava terminada, já podíamos comemorar!

Agora, o hospital que me recebeu sem chances de sobrevivência, me devolvia à minha família. Eu agora tinha queimaduras, cicatrizes, curativos e uma cadeira de rodas, mas estava vivo e muito grato.

Saímos do estacionamento, fizemos a viagem de cinco minutos para casa e viramos em nossa rua. Fiquei absolutamente maravilhado com os carros, caminhões de bombeiros, balões e amigos que nos esperavam.

Sob um toldo, estavam familiares, amigos, colegas de classe, vizinhos, socorristas e membros da comunidade nos davam as boas-vindas de volta para casa. Tinha música e as pessoas choravam.

O garoto sobreviveu.

Depois, naturalmente, nossos amigos foram para casa, os carros foram embora, a porta da frente se fechou, e sobramos nós, para decidir como seguiríamos em frente como família.

Naquela noite, minha mãe fez o meu prato favorito: batatas gratinadas. (Caso você ainda não tenha percebido, vou deixar claro: eu era uma criança diferente!) Pela primeira vez desde o incêndio, sentamo-nos, a família toda, em torno da mesa da cozinha de nossa casa reconstruída.

Meu pai e minha mãe estavam um de cada lado da mesa. Três de minhas irmãs, Laura, Cadey e Susan, estavam de um dos lados, e meu irmão Jim, minha irmã Amy e eu, do outro. Nossa família tinha passado por desafios inimagináveis nos últimos meses.

Tínhamos perdido a casa em um incêndio.

Meus irmãos tinham perdido os pais para uma vigília basicamente de vinte e quatro horas por dia, sete dias por semana, em um hospital.

Meu irmão e minhas irmãs, com idades entre dezoito meses e dezessete anos, haviam sido separados, indo para casa de amigos e familiares durante a reconstrução da nossa casa.

Meus pais quase perderam um filho.

Eu tinha perdido os dedos, a capacidade de locomoção e tinha cicatrizes da cabeça aos pés.

E, ainda assim, lá estávamos nós.

Nós conseguimos.

Em casa.

Juntos

Uma família.

Mudada.

Ferida.

Transformada.

E viva.

Novamente, estávamos jantando, limpando respingos de leite e nos preocupando com cotovelos sobre a mesa. A vida voltava ao normal. Mas, sem dúvida, um milagre tinha acontecido. Então, naquela noite, celebramos.

A comida parecia deliciosa. Fechei os olhos e senti o aroma divino do queijo. Então, abri os olhos e me dei conta... Eu não podia comer. Por conta dos curativos, das talas e por não conseguir segurar um garfo, não poderia participar da refeição de celebração. Eu olhava para o prato, sem saber o que fazer.

Minha irmã Amy percebeu a minha dificuldade. Então, gentilmente, ela pegou o garfo, espetou uma batata e levou na direção da minha boca.

Então, ouvi minha mãe dizer:

– Abaixe esse garfo, Amy. Se John tem fome, ele vai encontrar uma maneira de comer.

Olhei para a minha mãe.

O que ela acabava de dizer?

Abaixe esse garfo?

Ele vai encontrar uma maneira de comer?

Como assim, mãe? Já não passei por provas duras o suficiente? Está de brincadeira comigo? Estou com fome e não consigo comer!

Naquela noite, chorei à mesa. Fiquei bravo com a minha mãe. Disse-lhe que não podia fazer aquilo, que não era justo, que eu já tinha passado por provas suficientes. A noite, de celebração e felicidade, logo se transformou em um cenário de tensão.

A festa terminara.

Minha mãe tinha estragado tudo.

Mas aquela noite criou um novo ponto de inflexão para um garotinho de nove anos. Ao ver meus irmãos terminando de comer, e minha fome e raiva aumentarem, agarrei o garfo entre o que havia sobrado das minhas duas mãos. Os meus dedos haviam sido amputados logo na primeira falange. Como a pele ainda não estava completamente curada, minhas mãos estavam envolvidas em um grosso curativo de gaze. Eu parecia um boxeador lutando para segurar um garfo entre as duas luvas.

Era dolorosamente lento.

O garfo caiu diversas vezes enquanto eu tentava segurá-lo.

Mas, depois de um tempo, consegui espetar as batatas de um jeito meio estranho e levá-las até a boca. E mastigá-las.

Eu olhava para minha mãe com raiva.

Eu estava com raiva.

Minhas mãos latejavam.

Ela tinha estragado a noite.

Eu a odiava.

Porém, eu estava comendo.

Olhando para essa situação, vejo como minha mãe foi corajosa. Deve ter sido extremamente doloroso para ela estar com toda a família observando seu filho pequeno. Teria sido mais fácil, e aparentemente mais amoroso, se me tivessem dado as batatas e logo trazido o bolo e o sorvete.

Como é mais fácil não fazer as coisas na vida – ou fazer com que os outros façam as coisas difíceis.

É fácil tirar uma foto da família com todos sorrindo à mesa de jantar e um garotinho na cadeira de rodas ao lado, postar no Facebook e escrever: "De volta ao normal! Estamos todos em casa e muito bem!".

Minha mãe não se preocupava com o que os outros iriam pensar.

Ela não estava preocupada em deixar o momento bonito para a foto.

Minha mãe utilizou aquele momento para lembrar-me de que todos estariam ao meu lado para me incentivar, ajudar e amar. Mas seguia sendo a minha luta, era a minha vida. Provavelmente, seria cheia de desafios e obstáculos, mas também seria uma oportunidade de perceber que nenhum deles era intransponível.

Aquele foi só o começo das muitas vezes em que tive de descobrir um jeito de fazer as coisas. Ela me forçou a pegar o garfo. E tenho plena certeza de que não viveria a vida que vivo hoje se ela não o tivesse feito.

No dia em que me queimei, ela me desafiou a escolher não morrer.

Na noite em que voltei para casa, ela me libertou para escolher viver de verdade.

Direito de posse *versus* Assumir

Enquanto uma pessoa não puder dizer com profunda honestidade "Sou o que sou hoje pelas escolhas que fiz ontem", essa pessoa não poderá dizer "Escolho fazer diferente".
– Stephen Covey

Você está vivo de verdade?

Não.

Não perguntei simplesmente se você está respirando.

Não perguntei se tem pulsação ou se existe ou sobrevive.

Não, quero saber se você vive de verdade.

Sente-se feliz com a sua vida? Sente-se presente em todos os momentos, sejam eles grandes ou pequenos? Sente que pode lidar com os desafios que surgem, agarrar as oportunidades à sua frente e satisfazer-se plenamente com uma situação?

Você vive uma vida radicalmente inspiradora?

Caso não viva, é chegado o momento de descobrir o poder de assumir as rédeas da sua vida. Independentemente dos desafios que enfrenta hoje, isso é uma escolha sua. Uma escolha que ativa dentro de nós o poder de aceitar as coisas que simplesmente não podemos modificar, lutar pelas que podemos e celebrar cada momento da jornada, seguindo em frente.

Viver não significa evitar a morte, mas escolher viver de verdade.

Aí está o seu ponto de inflexão.

Nada mais de *não é minha culpa.*

Agarre a liberdade do *é a minha vida.*

Porque é a sua vida.

É o seu tempo.

O seu momento.

E isso importa.

Aja como tal.

Escolha assumir as rédeas da sua vida!

Em nossas próprias feridas, podemos nos tornar fonte de vida para os outros.

– Henri J. M. Nouwen

2

O que você está escondendo?

Pare de fingir e comece a ver o milagre que é a sua vida.

Lá vamos nós de novo.

Eu costumava adorar tomar banho.

Agora, essa é a pior parte do meu dia.

Todas as manhãs, duas enfermeiras me tiram da cama, me colocam em uma maca com rodas e me levam pelo longo corredor até uma sala fedida e quente com uma banheira de aço bem no centro.

Elas me tiram da maca e, lentamente, me colocam na água.

Todo meu corpo está coberto por grossas ataduras, embaixo das quais estão compressas de gaze. E por baixo delas está a grande, vermelha e aberta ferida que costumava ser o meu corpo.

Todo ponto em que a água toca... dói.

Sempre que tentam trocar um curativo... dói.

Sempre que limpam uma ferida... dói.

E como todo o meu corpo está sem pele... tudo dói.

Dizem-me que é absolutamente necessário. Dizem-me que é o único jeito de me manter são. Dizem-me que fazem isso para me manter vivo.

Tudo bem. Certo. Podem fazer. Mas vou continuar odiando.

Quando terminam de me limpar, raspam a minha cabeça.

E isso é, de longe, o pior.

Parece que o único local de onde podem obter pele para doação é o meu couro cabeludo. Isso significa que os médicos precisam tirar uma fina camada de pele da minha cabeça e colocar em partes do meu corpo que estão sem pele. As enfermeiras dizem que cabelo é sujo e oleoso e que pode levar à proliferação de bactérias. Então, precisam raspar minha cabeça.

E fazem isso todos os dias.

Demora alguns minutos, mas parecem horas.

Elas raspam exatamente o mesmo local de onde acabaram de tirar uma camada de pele.

Por fim, quando terminam de raspar minha cabeça e de me limpar, tiram-me da banheira e, mais uma vez, colocam-me sobre a fria maca de metal.

Sinto frio. Estou nu. Assustado. E ainda não terminou.

Depois de me secarem, me aplicam o remédio chamado Silvadene. Parece um sorvete de creme.

É como aplicar protetor solar. E queima como o inferno. Elas o esfregam em todas as partes do meu corpo.

Então, me enrolam como se eu fosse uma múmia. Bandagens cobrem todo o meu corpo. O processo todo toma duas horas.

E isso durante semanas.

Mas hoje, nesta sala, toda a dor física não foi nada se comparada com o que senti.

Eu as observei tirando os curativos que cobriam meu corpo e, enfim, olhei para o que havia sob as gazes. Quero dizer, o que realmente estava sob as gazes.

O fogo tinha queimado toda a minha pele.

Não havia nada.

Só tinha o que fica abaixo da pele. Minhas mãos, meus braços, pernas, peito, barriga – todo o meu corpo – estava em carne viva, vermelho.

Ao ver isso, ver de verdade, fiquei enjoado. Enfim, me dei conta de que nunca voltaria a ser quem eu era. Nunca teria a aparência que eu tinha antes.

E então me dei conta de algo ainda pior.

Algo que me causara ainda mais dor: não era só o meu corpo que estava queimado, mas o meu rosto também. Eu parecia um enorme monstro vermelho e sangrento.

Minha vida tinha acabado.

Terminaram de me enfaixar, e eu nem podia falar sobre isso com alguém. Não podia falar porque havia um buraco no meu pescoço. Eles chamam de trach.[2] *Ajuda os meus pulmões a respirar, mas, por outro lado, não me deixa falar. Não posso usar minha voz.*

Então, só posso chorar.

Quando as enfermeiras me levam de volta para o quarto, minha mãe vê as lágrimas escorrendo pelo meu rosto.

– Querido, o que foi? Está doendo? Precisa de mais analgésicos?

Balancei a cabeça, negando. Não, mãe, não é isso.

2 Referência à traqueostomia.

Ela não entendeu.

Ela simplesmente não entendeu.

– O que foi, meu bem? Quer que eu pegue o tabuleiro?

Fiz que sim.

O tabuleiro.

O "tabuleiro" é um pedaço de papel com letras; de A *a* Z. *E é assim que nos falamos. Ela aponta para as letras e, quando está na correta, estalo a língua. Ela anota a letra. E começa tudo de novo.*

Ela é ruim de soletrar, então, demora uma eternidade.

Mas funciona. É a opção que tenho.

Minha mãe pegou o papel, segurou:

– Leve o tempo que for preciso, John. Mas me diga o que está errado.

Ela apontou para a primeira linha de letras.

A B C D E F G H I

J K L M N O P Q R

S T U V W X Y Z

Não.

Então, apontou para a segunda linha.

Sim.

Estalei a língua.

Então ela foi passando pelas letras. J... K... L... M... *Click!*

M.

E de novo. Mais várias vezes.

Demorou uma eternidade, mas, enfim, chegamos às duas primeiras palavras: MEU ROSTO.

Por sorte, minha mãe entendeu o que me afligia antes que eu precisasse soletrar o restante.

– Oh, não, John, é um milagre. Seu rosto está bem. Por favor, não se preocupe. Você continua como sempre foi, só que com muitos curativos cobrindo o rosto.

Eu não acreditava nela.

Eu tinha ouvido as conversas. Sabia que tinha queimado todo o meu corpo. Cem por cento dele. Sabia que o meu rosto também estava queimado.

Fechei os olhos com força.

Ouvi umas vozes ao longe.

Por fim, percebi que minha mãe estava ao meu lado.

Abri os olhos e olhei para ela.

Ela tinha encontrado um espelho.

E queria que eu olhasse para o meu reflexo.

Fechei os olhos novamente, e os mantive fechados. Eu já tinha visto o bastante para saber o que veria se olhasse no espelho.

– John, está tudo bem, querido. Pode abrir os olhos. Seu rostinho está bem. Está perfeito.

Nervoso, abri os olhos.

O espelho era pequeno, redondo, com uma moldura branca de plástico. O reflexo mostrava os curativos cobrindo quase tudo e contornando o meu rosto. Um tubo verde de alimentação estava dentro do meu nariz, que estava descascado, mas estava lá. Meus lábios estavam rachados e secos, mas também estavam lá. O que podia ver das bochechas estava rosado e descamado. Sobrancelhas e cílios estavam um pouco queimados, mas também estavam lá.

Não dava para ver muito, mas o que vi foi suficiente. Minha mãe tinha razão – meu rosto estava em ordem.

Eu continuava ali. Continuava sendo eu.

Desviei o olhar do espelho e virei para os meus pais. Meu pai estava ao lado da minha mãe. Movi a cabeça e tentei agradecer-lhes, estalando a língua.

Então, eles viram algo em meu rosto que não viam já há algum tempo: um sorriso.

Houve um tempo em que meus pais não sabiam se me veriam sorrir de novo.

Na manhã do incêndio, os poucos minutos que ficamos juntos na sala de emergência foi todo o contato que tivemos, mas foram suficientes para confirmar nosso compromisso com a luta. Minha mãe e meu pai logo foram retirados do local e levados para a sala de espera.

Enquanto a equipe médica trabalhava para conseguir um quarto definitivo para mim, estabilizar minha situação e preparar o meu corpo para seguir em frente, meus pais aguardavam ansiosamente. Os médicos explicavam a situação. Explicavam os riscos para um paciente com cem por cento do corpo queimado. Discutiam a transformação do meu corpo, a perda da pele, os curativos para me proteger da exposição, os intensos inchaços e a pouca probabilidade de eu sobreviver.

Ainda assim, nada preparou meus pais para o que viram quando me visitaram naquela mesma tarde.

Na sala de emergência, tinham visto o seu garotinho alerta, curioso, falante, esperançoso. Meus olhos estavam abertos, minha voz rouca, mas nítida, um lençol leve cobria o meu corpo.

Algumas horas depois, tudo mudou.

Tudo.

Todo o meu corpo estava envolto por bandagens, apenas uma pequena parte do meu rosto estava visível. Diversas máquinas monitoravam minhas funções vitais e emitiam alertas. Os membros da equipe corriam de um lado para o outro, tentando desesperadamente me manter vivo. Bombeavam líquidos por sistema intravenoso na esperança de fornecer a extremamente necessária hidratação para meus tecidos e pele ressequidos. Por conta dos líquidos, meu corpo ficou inchado. Minha cabeça tinha a forma de um melão. De tão inchados, meus olhos estavam fechados. Eu tinha braços e pernas presos à cama, formando um x, para evitar qualquer tipo de movimento. Por conta dos danos aos pulmões, eu estava entubado. Havia um buraco na minha garganta para fazer o oxigênio entrar em meus pulmões afetados pela fumaça, o que me impedia de falar.

Foi com isso que meus pais depararam.

Ali estava seu filho, uma criança, sedado, mumificado e preso à cama.

Essa era a nossa nova vida.

Ouvir os alertas, os prognósticos e as chances era uma coisa, ver-me daquele jeito era assustador. Tiveram alguns minutos para sussurrar palavras de incentivo, fazer carinho em minha cabeça enfaixada e dizer que me amavam. Tão rapidamente quanto foram conduzidos para dentro, mamãe e papai foram levados para fora, para que a equipe pudesse me preparar para a primeira cirurgia.

A gravidade da situação deixou meus pais destruídos.

Minha mãe foi à capela para rezar.

Meu pai foi para fora para chorar.

O caminho à frente parecia impossivelmente difícil.

Mas os curativos que me envolviam naquela primeira tarde realmente cumpriram o seu papel durante os cinco meses seguintes.

Aquelas bandagens ajudaram a manter o meu corpo livre de infecções. Permitiram que, lentamente, a minha pele voltasse a crescer. Ofereceram um porto seguro durante os meses no hospital e a possibilidade de que dezenas de cirurgias fossem realizadas. Foram elas que me protegeram do iminente risco de morte à medida que eu voltava lentamente à vida.

Mesmo depois de sair do hospital, curativos seguiam cobrindo áreas do meu corpo ainda danificadas, abertas e feridas.

Oito meses depois de ter sido envolvido naquelas gazes, eu finalmente estava livre.

As últimas feridas haviam fechado.

A última bandagem fora removida.

Não era mais necessário passar Silvadene.

Não era mais preciso fazer curativos.

Não precisava mais ficar coberto.

Já era saudável deixar minha pele entrar em contato com o ar. Era o momento de deixar as cicatrizes conhecerem a luz do sol.

Por mais que as bandagens tivessem sido removidas, eu continuava coberto.

Troquei as bandagens destinadas a proteger feridas abertas por bandagens que cobriam um passado doloroso, um presente difícil e um futuro incerto. Veja, o momento em que minha mãe trouxe o espelho para mim, em que vi que o meu rosto estava bem, aquele foi um ponto de inflexão. Decidi que, quando saísse do hospital, em vez de compartilhar o milagre da minha recuperação, o que significaria expor as minhas feridas, eu fingiria que tudo estava bem. Fingiria que nunca tinha sofrido as queimaduras.

Para isso, eu usava mangas longas e calças durante todo o ano; assim, ninguém podia ver minhas cicatrizes. Eu queria ter uma pele normal, mãos normais, uma vida normal, como as outras crianças. Não gostava da minha cadeira de rodas; não gostava de ter tornozelos que mal se dobravam nem de ter juntas duras, que não se moviam. Odiava o fato de meus braços e pernas terem perdido toda a gordura e a musculatura, restando apenas pele e osso.

Então, eu me cobria.

Eu seguia usando bandagens que eu mesmo me impunha. Não somente durante aquele verão, mas pelas duas décadas que se seguiram.

DISFARÇANDO

Alisar o cabelo, passar base, depilar a sobrancelha, curvar os cílios, branquear os dentes...

Todas as semanas, passamos horas olhando para o espelho e nos preparando para o dia, preparando-nos para uma reunião, para um encontro.

Não há absolutamente nada de errado em realçar a beleza natural. Mas, muito frequentemente, não estamos valorizando o que vemos no reflexo. Estamos cuidadosamente construindo uma máscara que possa cobrir o que achamos que não será aceito pelo mundo lá fora.

Assim como artistas de circo, usamos a maquiagem para nos tornar outra pessoa. Muito além de aplicar um batom ou tingir o cabelo, nossas máscaras tentam encobrir quem somos de verdade. Elas cobrem o que ainda não superamos, o que sabemos que é importante, e o que temos medo de compartilhar com os outros. Nossas máscaras encobrem nossas cicatrizes, nossas histórias pessoais, nossos arrependimentos e nossos sonhos. Encobrem a nossa vergonha e as nossas fragilidades.

Abafa o nosso potencial.

Encobre o melhor de quem somos.

Mascara o brilho que podemos oferecer.

Oculta a luz que podemos apresentar ao mundo.

Censura a história que nos individualiza, a qual, se compartilhada, nos conecta intimamente com os outros.

A minha máscara afetava o meu comportamento depois de sair do hospital, no ensino fundamental, no ensino médio e em tudo.

Mamãe e papai, por favor, não leiam os próximos parágrafos.

Certo.

Agora que eles não estão mais lendo, posso contar a vocês que no ensino médio e na faculdade eu não tinha dons especiais em artes, música, trabalhos manuais ou esportes. Não tinha trabalho, não namorava, não tinha muita fé e não estava muito seguro de quem eu era. Eu precisava desesperadamente ser percebido.

Então, escolhi usar uma nova máscara.

A máscara cobria minhas cicatrizes, aproximava-me dos outros e liberava-me para alcançar a superação em algo: beber.

Eu vivia esperando os finais de semana.

E, na universidade, os finais de semana iam de quarta-feira a domingo.

Nada de namoro, nada de trabalho, nada de me esforçar nas aulas nem de crer em algo superior. Eu tentava sair mais vezes, beber mais rápido, consumir mais bebida e ser o último dos meus amigos a ir embora.

E eu não só tentei como consegui.

Isso era imaturo. Era perigoso. Era idiota.

E era um mecanismo para lidar com as dificuldades.

Para mim, o verdadeiro vício não era exatamente o álcool, mas ser aceito, pertencer, ser visto.

Ser como todo mundo.

Ser amado.

SUPERE

Na juventude, no desespero para ser considerado normal, eu acreditava que o meu valor vinha da opinião dos outros.

Loucura, eu sei.

Porém, eis a questão: em diferentes graus, acho que todos pensamos assim. Quando jovens, somos facilmente influenciados pelos amigos e pelo que eles pensam de nós.

Quem se lembra das palestras no ensino médio sobre pressão de turma? Eu me lembro. Tenho certeza de que eu estava sentado com meus amigos, fazendo bolinhas de papel e ignorando o apresentador, tentando parecer que éramos descolados. Em resumo, fazendo exatamente o que tentavam nos incentivar a não fazer.

Sabemos que a pressão de grupo é algo real, e assumimos confortavelmente ter passado por isso durante os anos de escola. Lembramo-nos de tentar entender quem éramos e em qual grupo nos encaixávamos melhor. Na época, tentávamos todas as diferentes máscaras possíveis: atleta, gótico, músico, ator. E, depois de crescidos, rimos disso tudo.

Mas o que não percebemos é que essa é uma fase que nunca superamos.

Pense a respeito.

Continuamos tentando definir quem somos e em que grupo nos encaixamos melhor. Ainda desejamos nos sentar à mesa certa, obter milhões de curtidas em um *post*, sair com o grupo certo, ser convidado para as festas certas, ganhar o salário adequado e ser visto com as pessoas certas.

Nós terminamos o ensino médio.

Mas não o superamos.

E existe uma indústria toda devotada a manter essa pressão sobre nós.

Todas as propagandas nos fazem pensar... Será que estamos indo bem? Conseguimos nos encaixar? De que precisamos para garantir que seremos aceitos *de verdade*?

Claro, a indústria da propaganda existe para vender coisas. E a função dela, sua razão de existir, é plantar essas sementes de descontentamento em cada um de nós – e promover seus produtos como a solução para o que nos aflige.

Por que você acha que tanta gente estoura as contas de cartão de crédito? Esse é um dos custos de todas essas máscaras.

Então, compramos. E nos mascaramos.

Fazemos o que queremos que os outros vejam.

Não temos medo de quem somos. Temos medo de quem os outros acharão que não somos.

Assim, lutamos, não para nos tornarmos a melhor versão de nós mesmos, mas para sermos quem achamos que nos fará ter mais valor diante dos olhos e da opinião dos outros.

Mas, no final, continuamos muito gordos, muito velhos, muito pobres, muito enrugados, muito desconectados, muito acabados. Na comparação que fazemos com capas de revistas, vidas idealizadas e vizinhos "perfeitos", nós perdemos.

Todas as vezes.

Hoje, acredito que fomos feitos à imagem e semelhança de Deus. Somos perfeitos. Com marcas, espinhas, cicatrizes e tudo mais. A única comparação que importa é com quem você é, quem você era e quem você se tornará.

Tive tanto medo de ver meu reflexo no espelho naquela sala, trinta anos atrás. Tive tanto medo de sempre ser tratado como diferente. *Ah, ali vai o garoto que se queimou.* Eu podia ouvir as provocações em minha mente.

Ao negar o que aconteceu comigo, eu neguei ao mundo a chance de conhecer o milagre que foi a minha sobrevivência, o milagre da minha vida e o magnífico potencial da vida de todos.

A JAQUETA VERMELHA

Quando eu tinha vinte e sete anos, treinei para ser capelão de hospital.

Não havia planejado isso, mas acabou acontecendo, e, uma vez que começo algo, não costumo parar.

Apesar da carreira bem-sucedida como agente imobiliário, sempre desejei, de alguma forma, trabalhar em um campus universitário. Amei os anos que passei na Universidade de Saint Louis e considerei voltar a trabalhar com estudantes.

Uma noite, enquanto surfava pelo site da universidade, vi um link sobre o programa de treinamento para capelão que ofereciam. Pensei: *Perfeito! Trabalhar com estudantes, ajudá-los a descobrir por que estão ali, o que estudar, como superar adversidades e incentivá-los a ir atrás do que realmente importa na vida. Incrível!* Preenchi o formulário de inscrição na mesma noite, apertei o botão ENVIAR e não pensei mais a respeito. Duas semanas depois, recebi uma ligação dizendo que eu havia sido aceito no programa.

Incrível.

Isso seria incrível.

Hora de mudar vidas, *baby*!

Mas eu não tinha lido as letras miúdas.

O programa era para ser capelão de hospital. E participar dele não me permitiria incentivar e inspirar estudantes, mas me ensinaria como confortar pessoas em seus momentos mais assustadores no hospital.

Oops.

Nossas forças e fraquezas individuais costumam ser os lados opostos de uma mesma moeda. Não sou de desistir, o que significa que, apesar de o programa não ser o que eu esperava, embora estivesse me levando para um caminho que eu nunca havia considerado, e ainda que comprometesse um tempo enorme durante um ano, recusei-me a cair fora.

Fui às aulas.

Trabalhei nos turnos noturnos.

Completei a intensa carga de trabalhos.

E as experiências durante o programa, e durante os três anos seguintes em que atuei como capelão por meio período, abençoaram e transformaram a minha vida. Sem medo de me equivocar, digo que foi uma época de inacreditável crescimento e descobertas.

Em geral, nossos aparentes erros dão origem às nossas maiores bênçãos.

Depois de cada visita a um paciente do hospital, tínhamos uma reunião com um conselheiro para discutir nossa eficiência. Essas reuniões ajudavam a melhorar o foco, a comunicação e o impacto do nosso trabalho. Ser convidado a sentar, falar com pacientes enfrentando luto, doença, ansiedade, solidão, proximidade da morte, e ouvi-los era uma imensa honra. Era um momento de completa humildade. Entretanto, essas visitas costumavam ser um desafio para mim, além de muito exaustivas.

Depois de uma sessão particularmente difícil com um paciente, fui para a sessão com o meu conselheiro, dr. Davis, e contei-lhe como havia sido. Ele me ouviu, pacientemente. Recostou-se na cadeira. Colocou as mãos atrás da cabeça, e perguntou algumas coisas para entender melhor a situação.

Então, ele disse:

– John, você sabe qual é a sua história?

Olhei para ele, confuso:

Não se trata de mim. Estou falando da pessoa que eu tentava ajudar!

Além disso, será que ele não ouviu nada do que contei nesses últimos três meses? Ele sabe que eu cresci na região e que frequentei esta universidade.

Ele olhou para mim e pediu:

– Falo sério, John, conte-me a sua história.

– Bom, eu cresci aqui em Saint Louis. Trabalho como agente imobiliário...

Ele me interrompeu:

– Não, John. Você sabe qual é a *sua* história?

Fiz uma pausa, ainda confuso a respeito do que ele queria.

– Está bem, vamos começar um pouco antes. Tenho cinco irmãos, meus pais se conheceram no ensino médio e continuam casados...

Desta vez ele me interrompeu, levantando da cadeira. Foi até um armário e começou a folhear uns arquivos.

Parei de falar e cruzei os braços, frustrado.

Enfim, ele encontrou o que buscava. Pegou uma das folhas e me entregou.

– Leia isto.

Peguei a folha de papel e, irritado, comecei a ler.

Embora já fizesse dez anos que eu havia lido aquilo, nunca me esqueceria da história.

Era um artigo que falava de uma garotinha que entrava na classe, tirava a brilhante jaqueta vermelha que usava, a jogava no chão e ia sentar-se em sua carteira. A professora, ao ver o que ela acabara de fazer, pedia a Mary, a garota, que recolhesse a jaqueta e a pendurasse.

Então, ela olhava para a jaqueta, para a professora e dizia: "Essa jaqueta não é minha".

A professora dizia que não estava pedindo nada de mais e que não estava brava com Mary, mas que a tinha visto jogar a jaqueta no chão e que ela precisaria pendurá-la atrás da porta da sala.

E a garotinha retrucava que aquela jaqueta não era dela: "Já disse que não é minha".

Um colega de classe, então, entrava na conversa e dizia: "Mas eu vi você tirando a jaqueta. E você vem com ela todos os dias, Mary".

A garotinha cruzava os braços, levantava-se e gritava: "Essa não é a minha jaqueta. Não é a minha jaqueta!".

Terminei o artigo, devolvi o papel para o dr. Davis e fiquei olhando para ele, sem expressão.

– Você entende o que diz esta história?

– Hmmm... que essa garotinha precisa pendurar sua maldita jaqueta?

Dr. Davis balançou a cabeça.

– John, todos temos uma história. Todos temos experiências únicas que nos fazem ser quem somos. Essas experiências criam o que você, especificamente você, e ninguém mais, pode compartilhar com os outros. – Ele fez uma pausa. – John, eu não sei o motivo pelo qual você decidiu se inscrever nesse programa nem qual é a sua história, mas saiba que você simplesmente não pode ajudar as pessoas que estão na cama de um hospital a identificar o que mais importa a elas se, antes de mais nada, não souber a sua história, aquilo pelo que passou e o que é mais importante para você.

Por mais que tivesse me graduado no programa para capelão, eu continuava sem entender o que aquela história da jaqueta vermelha ou aquela garotinha tinham a ver comigo.

Sou lento para aprender.

Felizmente, as pessoas que me conheciam melhor estavam prestes a sacudir o meu mundo colocando a jaqueta vermelha em um local em que eu não mais pudesse me fazer de desentendido. Quer eu gostasse, quer não, a minha jaqueta vermelha estava prestes a ser enfiada em mim e ter o zíper fechado, trancado, a ponto de não mais poder sair, de forma que toda a classe e o mundo inteiro soubessem que era minha.

SEM MÁSCARA E DE JAQUETA VERMELHA

Como família, nunca discutimos o incêndio.

Lutamos contra ele, sobrevivemos a ele e viramos a página. Escolhemos não ser definidos por aquele acontecimento.

Isso até meus pais estarem sentados na primeira fila de uma igreja, em 22 de novembro de 2003.

Seu filho mais velho, Jim, estava no altar, vestindo smoking, e era padrinho de seu irmão mais jovem, e mais bonito, John.

Ao ver seus filhos juntos, com suas quatro filhas de damas de honra, e uma linda mulher chamada Beth vestida de noiva e prestes a entrar para a família, eles perceberam algo pela primeira vez: o terrível incêndio de anos atrás não tinha terminado. A tragédia que superáramos como família décadas antes estava tendo um final feliz.

O incêndio não tirara de seu filho caçula a vida que ele poderia viver. Pelo contrário, o levara ao local correto: à igreja, ao altar, à união, àquele dia.

A terapia, as cirurgias, amputações e cicatrizes, bem como os desafios culminaram em uma incrível celebração. Era um milagre depois de outro, e de outro, e de outro.

Se você ao menos conhecesse a minha mulher, saberia que é mesmo um milagre. O garotinho queimado foi abençoado. Minha esposa é um espetáculo. Por dentro e por fora.

No final da cerimônia, Beth e eu caminhamos juntos pelo corredor central da igreja, enquanto meus pais transbordavam de gratidão aos meus médicos, à nossa família e aos amigos que nos apoiaram, e, acima de tudo, a Deus, a quem creditamos o milagre não apenas da minha sobrevivência, mas da vida incrível que se sucedeu. Acreditamos que Deus trabalha em todas as coisas por um propósito perfeito, que tudo no final se renova, e que mesmo o mais terrível incêndio na infância pode ser usado para o bem.

Uma semana depois, eles estavam escrevendo um livro sobre a experiência vivida anos antes.

Era a história *deles*, como pais, recebendo a devastadora notícia de que o filho *deles* tinha sofrido queimaduras em um incêndio. Era a história *deles* sobre os angustiantes meses na sala de espera do hospital, o apoio da comunidade e o milagroso triunfo.

Sim, era a história *deles*... Mas planejaram colocar minha foto na capa.

Era uma foto tirada logo depois que saí do hospital. Nela, via-se um garotinho com um boné de beisebol e uma cicatriz vermelha entre o rosto e o pescoço, um declive na garganta, por conta da recente traqueostomia, e talas nos braços.

Aquela foto sempre me lembrou de tudo o que me fazia diferente. Destacava como o incêndio me havia desfigurado e como eu tinha passado os vinte anos seguintes lutando para ser normal. Fazia-me lembrar dos anos em que eu desejava parecer e agir como todo mundo. E lembrava-me de como fracassei em me adaptar e me misturar com todo mundo.

Eu odiava aquela foto.

Logo que começaram a escrever o livro, eu estava longe de incentivá-los. Não acreditava que houvesse uma história para ser contada e os incentivava a não mexer no passado. Usei meus melhores argumentos. Quem iria ler o livro? Por que se importariam? E meus pais, por acaso, sabiam usar um computador? Sugeri que guardassem a história no coração.

Eles escreveram um livro.

Deram-lhe o título de *Overwhelming Odds*.

Ignoraram os meus conselhos.

Tontos.

Ao fazer isso, eles mudaram a minha vida.

Imagine isso: a máscara que você construiu tão cuidadosamente para se esconder por toda a vida simplesmente lhe é arrancada. Sabe aquela que diz para o mundo que você está bem, que está tudo bem, que seus filhos são perfeitos, que você não tem problemas, nem vícios, nem preocupações ou cicatrizes? Imagine que ela é gentilmente tirada do seu rosto, colocada sobre a mesa e esmagada por uma marreta gigante.

Agora, o mundo todo podia ver e ler a verdade sobre mim, sobre a minha versão fragilizada.

Senti-me exposto.

Mas, ao continuar lendo, percebi outra coisa.

Pela primeira vez, percebi que eu não tinha sido o único a sair queimado do incêndio. Meu irmão, Jim, tinha se ferido física e emocionalmente. Minhas irmãs tinham recebido prescrição de remédios para dormir, por terem me visto em chamas diante de seus olhos e pelos meses de medo constante de que eu pudesse morrer. Ah, e meus pais. Meus pobres pais. Por pior que fosse a minha dor física, a carga emocional sobre eles era, de muitas maneiras, mais dura.

Imagine, também, saber que a sua história, de alguma forma, levou uma comunidade a agir. Nossos vizinhos abriram suas casas para os meus irmãos enquanto nossa casa era reparada. A comunidade arrecadou dinheiro, doou sangue, orou, comprou comida. Eu nunca tinha, de fato, me dado conta de todas as pessoas que tinham se unido para tornar o milagre real.

E, imagine, depois de ler as últimas páginas de sua trágica história, começar a vê-la de maneira diferente, com mais clareza, pela primeira vez. Como se deixasse de ter catarata, eu entendi, *meu Deus... foi tudo uma bênção.*

O incêndio.

A hospitalização.

Os medos.

As amputações.

As cicatrizes.

Tudo.

O incêndio me levou exatamente para onde estou hoje. Os desafios me permitiram passar por experiências que me fizeram ser quem sou e ter a personalidade que tenho, a fé que me guia, a vida que me rodeia e as possibilidades à minha frente.

Não, a minha vida não foi sempre perfeita.

Não foi a vida que eu desejava.

Mas foi a minha vida.

É a minha história.

É a minha jaqueta vermelha.

E era hora de assumi-la.

Agora, algo importante: não vestimos a jaqueta vermelha em busca de simpatia, mas para nos libertar desse anseio. Talvez você queira ler isso outra vez.

Ela não é usada eternamente para lembrar os outros de como a sua infância foi dura, que o seu casamento foi péssimo, que a sua saúde é frágil, que o seu emprego é insatisfatório ou que a sua vida é cruel. Definitivamente, a jaqueta não é uma muleta da qual você segue dependente até a atualidade. Nada disso. Nós a usamos para aprender as lições que ela traz, comemorar as cicatrizes resultantes e fazer coisas incríveis por conta disso.

E assim escolhemos aceitar a nossa história. Reconhecemos as profundas cicatrizes. Depois de ler o livro escrito por meus pais, as cicatrizes que eu escondia há vinte anos passaram a ser medalhas de honra.

As cicatrizes ficaram, sim. Mas estão ali porque as feridas se curaram.

São a evidência de um milagre.

Cobri-las nega aos outros o direito de vê-las.

De perguntar.

De se conectar.

De compartilhar.

De crescer.

De viver.

De brilhar.

Depois de ler o livro dos meus pais, fiquei olhando para a foto na capa.

A minha foto, um garotinho com cicatrizes e talas, continuava ali. Mas, naquele momento, vi algo que nunca tinha visto antes: a esperança. Vi um garotinho abatido fisicamente, mas que escolhia não ser definido por tais circunstâncias. Vi um enorme sorriso e olhos que transbordavam de alegria. Deixei de ver naquela foto um garotinho no final de uma jornada que mal superara e passei a vê-lo no início de uma que ele mal podia esperar para começar.

DESCOBRINDO O OURO

Você já ouviu falar de Phra Phuttha Maha Suwan Patimakon?

Nem eu.

Quer dizer, até recentemente. Enquanto estava em uma palestra motivacional, em Bancoque, Tailândia, um motorista compartilhou comigo o que é isso, por que é importante e por que era um lugar ao qual eu deveria ir.

Parece que, setecentos anos atrás, uma enorme estátua de ouro foi produzida para representar Buda. Com quase três metros de altura e pesando cerca de cinco toneladas, era a maior estátua de ouro do mundo. Ela ficava em um templo modesto e era reverenciada há centenas de anos.

Entretanto, em meados do século XVIII, com a proximidade dos invasores da Birmânia, os monges do templo criaram um plano para salvar seu adorado Buda de ouro. Como sabiam que, se os invasores o descobrissem, iriam roubá-lo, os monges rapidamente cobriram a estátua com uma grossa camada de gesso e também colocaram pedaços de vidro colorido incrustados. A espetacular escultura foi rapidamente transformada em algo comum.

O verdadeiro valor da obra estava escondido dos invasores, que nunca imaginariam o que havia por baixo daquilo.

A beleza interior fora mantida longe daqueles invasores.

E também do mundo.

Por duzentos anos!

Em 1954, a imponente e antiga estátua de gesso precisaria ser transferida para um novo local. A estátua estivera no templo durante todo o tempo de que se tem registro.

Enquanto a equipe de trabalhadores levantava lentamente a escultura do solo, as cordas se romperam por conta do peso. A estátua caiu no chão e apareceu uma pequena rachadura.

A equipe viu um reflexo brilhante vindo de dentro dela.

Eles abriram um pouco.

E um pouco mais. Lentamente, a suntuosa majestade do Buda de ouro, cujo esplendor ficou mascarado por duzentos anos, começou a ser revelada.

O que antes era mantido sob um telhado de zinco com vazamento, em um templo pouco visitado, foi transportado para um dos locais mais celebrados e visitados em Bancoque. O brilho que um dia fora ocultado estava novamente disponível para os olhos do mundo.

Essa incrível história fala uma verdade que está dentro de cada vida. Cada um de nós tem um valor e uma beleza incríveis, com que o mundo está desesperado para se inspirar.

É hora de tirar o gesso, as máscaras, os curativos e permitir que o milagre da vida brilhe livremente.

Se você quer viver uma vida inspirada, é hora de aceitar a sua história e celebrar o incrível milagre da vida.

Eu não conheço a sua história, especificamente, mas sei que todos nos queimamos, lidamos com lutas e vencemos tempestades.

Perdemos pais, filhos e amigos. Fracassamos nos negócios, no casamento, nos sonhos. Tropeçamos espiritual, física e financeiramente.

Ainda assim, as cicatrizes resultantes de tais experiências, quando se aprende com elas, não são sinais de fraqueza para serem cobertos, mas símbolos de força a serem celebrados.

Elas são obscurecidas e se tornam inúteis quando encobertas. Mas são iluminadoras e inspiradoras quando as deixamos expostas.

PARE DE ATUAR

Em geral, começo meus workshops para líderes empresariais com breves apresentações.

As pessoas tendem a compartilhar seu nome, a empresa em que trabalham, o que fazem e quantos funcionários têm. Todas coisas superficiais. Nada realmente profundo. Nenhuma conexão autêntica. Nenhuma verdade pessoal.

Então, sempre faço uma segunda rodada de apresentações.

Não deixo que as coisas parem nesse nível raso. Quero que as pessoas tirem suas máscaras. Faço uma coisa simples, que imediatamente permite que a conversa se aprofunde, o tom na sala mude e o relacionamento comece a evoluir.

– Muito bem, muito bem. Prazer em conhecer vocês. Agora que sei menos sobre vocês do que sabia antes de se apresentarem, vamos começar de novo. E se fôssemos amigos de verdade? E se realmente vivêssemos juntos? E se essa conversa realmente importasse, se esse dia realmente tivesse significado? Agora, terminem essa sentença: *John, se você me conhecesse de verdade, saberia que...*

Por saber que todo mundo tem uma história, e, em geral, não é ela que escolhemos compartilhar com o mundo, peço que se aprofundem, que sintam mais, que compartilhem mais, que vivam mais.

Nunca me esquecerei da primeira vez que fiz esse exercício e perguntei isso a um grupo de doze empresários em Miami, Flórida, Estados Unidos. Pedi ao senhor que estava à minha esquerda que começasse, e depois seguiríamos por toda a sala. Ele se levantou, olhou para mim e disse: *Por baixo deste ótimo terno e de atitudes seguras, não faço a menor ideia do que fazer com minha empresa... e tenho ainda menos ideia do que fazer com meu filho de quinze anos.*

Ele se sentou.

O clima na sala mudou; era possível sentir. Os braços começaram a se descruzar, os corações começaram a se abrir e a sala se encheu de possibilidades. A luz começava a brilhar.

A próxima pessoa levantou-se. *Sou muito sensível à maneira como meus filhos, amigos e funcionários tratam uns aos outros por causa da maneira como fui tratada quando criança.*

Agora estávamos caminhando. A conversa tinha deixado a superficialidade e começava a realmente ter vida. Fomos passando de um por um na sala, e cada um compartilhou um pouco de sua história.

Uma mulher disse: *Sinto um grande vazio em minha vida porque não posso ter filhos.*

Outra disse: *Hoje sou mãe de uma criança de cinco anos porque, quatro anos atrás, meu irmão e a mulher dele morreram em um acidente de carro.*

Um jovem rapaz disse: *Sou engraçado, mas ninguém sabe que é porque sou muito tímido.*

Até que chegamos ao último senhor. Ele se levantou, fez contato visual com todos na sala e, lentamente, disse:

Quando eu tinha sete anos, meu pai foi assassinado. E minha mãe e eu nos sentimos... gratos.

Até mesmo eu fiquei surpreso com a disponibilidade daquele homem em admitir não só para nós, mas para si mesmo, como ele e sua mãe se sentiram na época.

Aquele homem tirou a sua máscara. Ele compartilhou a sua vida com honestidade. Não sei dizer se ele já tinha dito aquilo antes, mas aquele lampejo de sinceridade acendeu a sala.

Henri Nouwen, um de meus autores preferidos, diz: "A gente gosta de fazer uma distinção entre a nossa vida pessoal e a pública, e dizer que o que fazemos em nossa vida privada não é da conta de ninguém. Mas qualquer pessoa que tente viver uma vida espiritualizada logo descobre que o mais pessoal é o mais universal, o mais oculto é o mais público [...]".

O mais solitário é o mais comunitário.

A luz mais interna é uma luz para o mundo.

Os momentos em que estivemos frágeis e que conseguimos superar são aqueles que nos conectam com outros seres humanos, nossos semelhantes. Crescemos em diferentes bairros, fomos a diferentes escolas. Temos empregos diferentes e famílias diferentes. Mas todos conhecemos a dor da solidão, todos conhecemos o medo de não ser amado.

E são esses os pontos que podem nos unir. Muito frequentemente afastamos as pessoas, com medo de que não queiram ver a parte mais dura de nós. Mas é essa parte que deveríamos compartilhar, é o que nos une como humanos.

É um ponto de inflexão, tenha você consciência disso ou não. Todo momento é. É a sua chance de perceber que, quando está passando por algo difícil, não está sozinho.

Você teve um dia difícil no trabalho e se sente péssimo, com vontade de pedir demissão? Você pode manter as aparências e sofrer sozinho. Ou pode baixar a máscara e conversar com seu companheiro ou companheira sobre como se sente de verdade.

Seus filhos estão deixando você louco? Já está arrancando os cabelos e ainda nem é hora do almoço? Você pode deixar para lá e se sentir frustrado e sozinho, ou pode chamar o vizinho para uma volta no quarteirão. Compartilhar as suas batalhas, o seu coração, e encontrar a verdadeira conexão.

Acha que está muito sobrecarregado, que chegou ao nível máximo de estresse e simplesmente não consegue dar conta? Pode continuar penando, absolutamente desgastado, e esconder como é difícil. Ou pode escrever para um amigo, compartilhar a sua angústia e, de quebra, descobrir que ele se sente tão estressado quanto você.

É aí que está a vida real. Além do café no jardim e além da cama no fim do dia. Nos momentos em que baixamos a guarda e abrimos a nossa vida e o nosso coração, deixamos nossa luz brilhar para que possa iluminar o breu em que outros estão.

Descobri que, ao baixar a máscara e deixar os outros adentrarem o meu coração, em vez de me rechaçarem eles me oferecem palavras doces, como "você também?".

Mas isso não acontecerá se você continuar fingindo que leva uma vida perfeita de Instagram, criando uma fachada que impede os outros de saber quem você é de verdade.

Viver a vida *realmente* significa que você não tem medo de saber nem de *assumir* a própria história; que não tem medo de celebrar as cicatrizes que acumulou pelo caminho e que está pronto e disposto a viver a sua vida com honestidade.

De outro modo, nunca conhecerá as bênçãos da sua história.

Não conhecerá o poder das suas experiências.

Não poderá aceitar a beleza das suas cicatrizes.

Nunca será uma luz para um mundo que anseia por ela desesperadamente.

COM AMOR

Às vezes precisamos dos olhos dos outros para nos lembrar de como as nossas cicatrizes são realmente bonitas.

Um dia, pela manhã, eu estava me preparando para o trabalho, fazendo a barba no banheiro. Meu filho Jack me observava, empoleirado no vaso sanitário. Dei a ele uma navalha com a proteção de plástico e o observei imitar meus movimentos. Quando eu raspava o lado esquerdo, ele também "raspava" o lado esquerdo. Quando eu passava para o direito, Jack fazia o mesmo. Então, ele parou de mover as mãos. Ele parou de se "barbear", e percebi que olhava para o meu corpo. Entenda que todo o meu corpo tem muitas cicatrizes terríveis, mas em nenhum local elas são mais grossas nem mais evidentes do que em meu abdômen.

Continuei fazendo a barba, e podia ver a cabecinha dele trabalhando. Ele desceu do vaso, aproximou-se e olhou para mim. Jack ergueu a mão e passou o dedo por uma de minhas cicatrizes; então, ele disse:

– Papai?

– Diga, garotão, o que foi?

E aceitei a difícil conversa que estávamos prestes a ter... Comecei a pensar em como responder ao que ele perguntaria... quantos detalhes deveria contar a respeito do incêndio... quanto deveria contar a respeito das queimaduras... como ele iria contar para os amigos o que tinha acontecido com seu pai... como dizer que ele não precisaria ficar sem graça ou com medo...

– Papai, sua barriga é vermelha, tem marcas e é dura... – então, ele acrescentou: – E eu *adoro* ela!

Sabe, Jack, eu também adoro ela.

Negação *versus* autoaceitação

Onde há ruínas, há esperança de encontrar um tesouro.
– Rumi

Qual é a sua história?

Não aquela que você compartilha nas festas. Não o que está em seu currículo ou no seu perfil on-line.

É hora de parar de atuar e tirar a máscara.

É hora de ousar acreditar que quem você é, de verdade, é suficiente.

Porque é.

Meu desafio para você é, toda vez que olhar seu reflexo no espelho, reconhecer intimamente que você e a sua história são insubstituíveis.

Dessa vez, não se esconda, mas maravilhe-se.

Ninguém mais tem a sua história, as suas cicatrizes, a sua sabedoria.

Ninguém.

Acolha todas.

Aceite-as.

Aprenda com elas e celebre.

Você não estaria onde está sem elas.

Seu reflexo pode ser um pouco vermelho, irregular e rígido, mas o trouxe exatamente para onde você está hoje e deu-lhe a possibilidade de escolher o que fazer a seguir. Então, tire as ataduras. Tire a máscara. Olhe no espelho. Ame o que vê. Sorria para o seu reflexo. E compartilhe com os outros.

Escolha a autoaceitação.

Fé é lembrar-se na escuridão do que vivenciamos sob a luz.

– Richard Rohr

3

Você está dentro?

Acabe com as diferenças, acione o seu potencial e descubra o poder e o propósito da vida.

Vai melhorar.

Mamãe e papai sempre me dizem isso.

Eles ficam me dizendo que logo vão tirar a tráqueo da minha garganta – e então eu poderei falar novamente.

Dizem-me o tempo todo que logo estarei bem o suficiente para poder receber mais visitas – e não ficar tão entediado.

Dizem que estou melhorando – e logo poderei ir para casa.

Mas há dias em que é muito difícil estar preso a esta cama, incapaz de fazer qualquer coisa, sentindo tanta dor.

Há dias em que parece que não vou melhorar nunca.

E hoje é um desses dias.

Para tentar me animar, mamãe lê um cartão que veio pelos correios.

Essa sempre é uma parte boa do dia. Todos os dias temos uma caixa cheia de cartões. Pessoas de todo o mundo escrevem. É muito legal.

Recebemos cartas de crianças em escolas e de idosos em igrejas. Não entendemos como todos sabem o que aconteceu comigo, mas parece que gente de todo canto pensa em nós e ora por nós. Recebemos até uma carta da Casa Branca, assinada pelo presidente Reagan. E uma do Vaticano.

Isso não deixa o dia mais fácil, mas que outra criança tem o quarto decorado com cartões de melhoras? Que outras crianças teriam recebido uma carta do papa?!

Mamãe abre a caixa de correspondência e começa a ler para mim, papai se levanta e vem me dar um beijo.

Ele diz que volta logo e sai do quarto.

Mamãe fica.

Ela começa a ler os cartões em voz alta.

Alguns minutos depois, a grande porta de vidro na lateral do quarto se abre.

Papai volta.

– John, aqui está uma visita especial, que realmente gostaria de vê-lo hoje.

Eu vejo um homem usando o uniforme amarelo do hospital, botinas amarelas, máscara amarela, touca amarela e luvas de borracha.

Minha mãe e meu pai sempre usam isso. Os médicos e as enfermeiras também. Usam essa roupa toda para eu não pegar uma infecção.

Estou acostumado com eles entrando e saindo do meu quarto.

Mas essa pessoa era nova. Eu não a conhecia.

Nada era familiar.

Tudo estava coberto, exceto os olhos. Mais parecia um assaltante usando amarelo.

Ele se aproxima.

Eu não sabia quem era.

Até ouvir sua voz.

– Como vai, "pequeno Chester"?

Oh, meu Deus!

Só uma pessoa me chamaria por esse apelido ridículo.

Meu irmão, Jim, havia me dado esse apelido quando eu era pequeno.

Eu odiava.

Disse-lhe para parar.

Ele nunca parou.

Eu o odiava toda vez que me chamava assim.

Eu brigava com ele toda vez que me chamava assim.

E aí o idiota do meu irmão só me chamava ainda mais vezes pelo apelido.

Mas, dessa vez, não fiquei bravo quando ouvi o apelido.

Não quis brigar com ele.

Não quis dar-lhe um soco.

Não o odiei.

Queria levantar da cama e abraçá-lo. Queria usar a minha voz para agradecê-lo.

A última vez que eu vira Jim fora no dia do incêndio.

Ele tentou entrar na ambulância para ir ao hospital comigo, mas o paramédico não deixou.

O homem fechou a porta da esquerda.

Implorei-lhe que deixasse Jim entrar. Disse que era meu irmão e que eu precisava que ele fosse comigo. Eu não podia ir sozinho.

O cara disse que sentia muito, fechou a outra porta e gritou para que a ambulância partisse. E fomos embora.

Cara, eu nunca me senti tão só. Eu olhava para fora, pela janelinha pequena e retangular da ambulância, enquanto um estranho me fazia perguntas e eu via Jim parado na rua, com as mãos na cintura, vendo-nos partir. Eu estava muito assustado.

Desde aquele momento, eu queria ter dito algo para Jim. E já haviam se passado muitas semanas desde então.

Estalei a língua, pedindo que meu pai pegasse o tabuleiro com o alfabeto.

Ele o pegou. Apontou para a primeira linha de letras, para a segunda, para a terceira.

A B C D E F G H I

J K L M N O P Q R

S T U V W X Y Z

Estalei a língua. E ele começou a passar pelas letras. S... T... U... V. *Clique!*

V

Ele escreveu a letra e começou de novo. Primeira linha, segunda linha. Clique!

J... K... L... M... N... O... *Clique!*

VO

E mais uma vez.

E mais uma.

Conseguimos a primeira palavra: VOCÊ.

Desviei o olhar do tabuleiro de letras e olhei para meu irmão. Embora estivesse todo coberto, eu podia ver os olhos de Jim.

E seus olhos sorriam.

Olhei de volta para o tabuleiro e, com a ajuda de meu pai, estalei a língua até formar a segunda palavra: ME.

Nunca soube se Jim realmente gostava de mim.

Ele era oito anos mais velho que eu e podia ser um enorme idiota de vez em quando. Não me deixava sair com os amigos dele, me punha apelidos cruéis, me forçava a cheirar suas meias depois que ele cortava a grama.

Mas ali, deitado na cama do hospital, olhando para Jim, pensei em tudo o que fizera por mim e percebi algo mais:

Ele gostava de mim.

Não, na verdade, ele me amava.

Não havia a menor dúvida de que, agora, ele era o meu herói.

Terminei a última palavra: SALVOU.

VOCÊ ME SALVOU.

Jim balançou a cabeça:

– Eu não salvei você, não. Você é o herói aqui. É você quem está fazendo todo o trabalho duro. Agora, trate de melhorar logo, pequeno Chester.

NÃO. VOCÊ ME SALVOU.

O que vem à sua mente quando ouve a palavra *herói*?

Talvez se lembre de super-heróis.

Superman?

Batman?

Mulher-Maravilha?

Talvez pense em alguém que apareceu no jornal, como o Capitão Chesley Sullenberger, que conseguiu aterrissar seu avião em segurança no rio Hudson, salvando a vida de todos a bordo.

O que mais lhe vem à mente?

Bombeiros, policiais, forças armadas?

Sim, heróis certamente podem ser pessoas que colocam a vida em risco para salvar outras. As que se colocam à frente, agem com coragem e lideram de maneira abnegada, mesmo quando diante de seus medos. São os que seguem adiante quando todos fogem.

Mas a maioria dos heróis nada tem de super. A maioria não vive nos quadrinhos ou nas manchetes dos jornais.

A maioria é absolutamente humana, passa despercebida e parece muito mais com Clark Kent do que com Superman.

São pessoas comuns, muito parecidas com você e comigo.

E que exemplo incrível eu vi em ação no dia em que me queimei.

SEMPER FIDELIS

Sempre Fiel.

Esse é o lema da marinha dos Estados Unidos.

Sou abençoado por falar no evento FOCUS, da Fundação dos Oficiais da Marinha, a cada três meses e, depois, conviver com esses heróis por algumas horas. É o momento profissional mais destacado do meu ano. Nos últimos cinco anos de parceria com eles, descobri que, para os oficiais, *Semper Fidelis* não é apenas um lema, é uma forma de vida.

A Fundação começou com alguns oficiais aposentados, que perceberam a necessidade de dar apoio aos soldados que voltavam da guerra. O grupo compreendeu que, para muitos veteranos, as batalhas não terminavam quando eles voltavam para casa.

Traumatismo craniano.

Estresse pós-traumático.

Culpa pela sobrevivência.

Desemprego.

Vícios.

Falta de esperança.

Esses são alguns dos desafios enfrentados por centenas de milhares de veteranos. A cada trimestre, alguns bravos guerreiros, cansados de apenas viver, saem de suas casas, viajam para o Missouri e se reúnem em uma locação remota. Afastados da agitação da vida, em um local lindo e cheio de natureza, esses heróis aprendem habilidades cruciais para lidar com a dor, controlar as emoções e crescer profissionalmente. Também compreendem que seu alistamento pode ter terminado, mas suas principais lutas seguem existindo.

No encontro mais recente, perguntei a um senhor do Alabama qual tinha sido a melhor parte da semana, e ele disse que era bom se sentir vivo novamente.

E o que significa estar vivo novamente?

Ele respondeu:

– Eu costumava saber quando acordaria e onde tomaria café. Sabia que os dias seriam cheios, que o risco era real, mas sabia que tinha companheiros me dando respaldo e que eu estava ali para dar respaldo a eles. Sabia que tinha trabalho a ser feito e que nossa tarefa era importante. Mas, quando voltei à vida "real", a minha vida depois de servir, tudo isso acabou. Eu não ligava mais para nada nem para ninguém, tampouco sabia por qual motivo eu lutava. Quase perdi a minha vida. Mas, nessa semana, eu a recuperei. Estou vivo de novo. Vivo de novo. E isso é absurdamente incrível.

Como oficiais da ativa, esses incríveis homens e mulheres foram levados a seguir em frente por um forte sentido de missão. Sabiam o valor de ser Sempre Fiel e viviam isso todos os dias.

No entanto, uma vez de volta para casa, alguns sofriam muito sem os companheiros e sem o propósito que os impulsionava. Sem uma missão, podiam se tornar completamente sem rumo.

Nada como uma nova missão para nos lembrar daquilo pelo que vale a pena lutar.

Eu vi isso transformar a vida daqueles corajosos oficiais.

E vi isso mudar drasticamente a vida do meu irmão também.

Como um garoto de dezessete anos, Jim era um adolescente típico, que só pensava em si. Costumava preocupar-se com o tipo de carro que gostaria de ter um dia, ou com qual garota gostaria de ir à formatura ou em conseguir uma barriga de tanquinho para se exibir junto aos amigos.

Adolescentes são conhecidos por serem egoístas, rebeldes, terem muita atitude. Fingem ser de frios demais para se importar com as coisas. Afastam-se. Isolam-se em seus quartos com seus fones de ouvido, seus equipamentos tecnológicos e sua própria vida.

Parte disso é compreensível, pois eles estão aprendendo a ser independentes no mundo. Estão afastando-se da unidade familiar e antecipando o futuro, quando não terão a família de suporte. Mas isso gera uma atitude de indiferença, um dar de ombros para a vida, e eles dizem: *E daí? Não me importo, tanto faz. E daí que meu quarto está bagunçado? E daí que você está gritando comigo? Tanto faz, não me importo, estou acima disso tudo.*

Jim parou de dar de ombros no dia em que me queimei.

Ele tinha uma missão. Seu irmão caçula estava queimando, em chamas. Ele tinha uma escolha: salvar seu irmão ou vê-lo morrer.

E o que ele escolheu fazer mudou a vida dele.

E a minha.

Eu me lembro com absoluta nitidez do dia em que me queimei.

Lembro-me da explosão. A detonação, que fez o galão de gasolina se partir em dois, jogou-me do outro lado da garagem, estourou as janelas e chacoalhou casas que estavam a quadras da minha.

Lembro-me do zumbido em meus ouvidos, do alarme de incêndio soando e do estranho e abafado som do fogo estalando, como quando queima na lareira. O som, aquele estalar e sibilar, estava à minha volta, estava em mim.

Lembro-me de correr pelas chamas dentro da garagem para chegar à porta e entrar em casa. E já do lado de dentro, ainda queimando, corri pela cozinha, pela sala e cheguei ao hall de entrada.

Fiquei no hall de entrada em chamas.

Com dor.

Aterrorizado.

Eu gritava e rezava para que alguém, qualquer pessoa, viesse me salvar.

E lembro-me de ver Jim correndo na minha direção.

Esse é o cara que me deu o apelido que odeio. Esse é o cara que me fazia deliciosos sanduíches com manteiga de amendoim e geleia... e colocava molho de pimenta dentro. Esse é o cara que odiava quando eu estava por perto. Ele era um típico irmão mais velho.

Então, no hall de entrada, queimando, implorando e orando para que chegasse um herói, não era exatamente Jim que eu imaginava que fosse vir em meu resgate. Não, eu imaginava um bombeiro, meu pai, um vizinho, um herói, alguém, qualquer um que realmente pudesse me ajudar. Não o Jim!

Ah, mas esse foi o ponto de inflexão dele. Foi o momento dele. Foi a chance que ele teve de mudar, de seguir em frente, de acelerar, de agir com coragem e de arriscar a sua vida pela minha.

Jim veio correndo até mim, cobrindo o rosto com uma das mãos para se proteger das chamas que saíam do meu corpo. Ele pegou o capacho da porta da frente, aproximou-se e começou a batê-lo contra o meu corpo.

Cada vez que ele movimentava o capacho, as chamas iam em sua direção.

Tornou-se muito doloroso, muito difícil, apenas demais.

Depois de várias tentativas de usar o capacho contra o meu corpo, ele afastou-se.

Parou de movimentar o tapete.

Largou-o no chão.

ENTRAR NA FOGUEIRA

Jim fez uma escolha naquela manhã.

Ele podia afastar-se quando o fogo ficou quente demais, deixar-me queimar e se salvar.

Ou podia continuar lutando, se queimar e tentar me salvar.

Ele fez o que eu acho que a maioria faria: afastou-se.

Pense. Você já encostou em algo quente? Quando encostou, qual foi a sua resposta natural?

Você se afasta.

E o que você diz?

Ai!

Não... De verdade, o que você diz?

Tá bom, quer saber, não importa o que você diz.

Palavras não importam, as ações importam. Na vida, o que você diz importa muito menos do que aquilo que você faz.

Quando as coisas ficam quentes, quando o fogo da vida ameaça queimá-lo, você pode recuar e deixar as coisas serem destruídas.

Ou pode entrar de novo na fogueira e salvar das chamas o que importa do incêndio que ameaça destruir o seu casamento, a sua carreira, a sua alegria, a sua vida...

A chave para essa escolha, a única maneira de voltar para a luta, é, sem dúvida, saber o motivo pelo qual você está fazendo isso.

Uma de minhas citações preferidas a esse respeito é de Patanjali, que a escreveu no século II antes de Cristo:

> *Quando você está inspirado por um propósito maior, um projeto extraordinário, todos os seus pensamentos rompem as suas fronteiras.*
>
> *Sua mente transcende limitações, sua consciência se expande em todas as direções, e você se vê em um mundo novo, incrível e maravilhoso.*
>
> *Forças, faculdades e talentos adormecidos são despertados, e você descobre que é uma pessoa muito melhordo que poderia imaginar.*

É uma citação maravilhosa. Todas as palavras são bonitas, todas as sentenças são poéticas e é tudo real.

No entanto, é importante perceber que, por mais maravilhoso que seja, todo o conceito da citação está na primeira linha: "Quando você está inspirado por um propósito maior [...]".

Todos queremos o restante da citação, queremos as coisas boas. Por certo, desejamos que nossos pensamentos rompam suas fronteiras para podermos imaginar, colaborar, iniciar e criar com entusiasmo. Desejamos viver em um mundo novo, incrível e maravilhoso.

Mas não conseguiremos nada disso enquanto não estivermos "inspirados por um propósito maior", enquanto não soubermos o que nos faz sentir plenamente vivos. Enquanto não tivermos aquela coisa, aquela causa, aquela pessoa por quem vale lutar, estaremos apenas empacados, dizendo: *E daí?*

Aquela coisa, aquela causa, aquela pessoa.

Para viver uma vida radicalmente inspirada, você precisa, todos os dias, escolher um propósito maior do que você mesmo.

Depois de ter largado o capacho, Jim viu as chamas continuarem consumindo o meu corpo.

Ele abaixou-se, pegou o capacho novamente e voltou para a luta.

E começou mais uma vez a movimentá-lo.

E outra vez.

Ele conseguiu diminuir as chamas o suficiente para me enrolar no tapete e me levar para fora. Então, deitou-me no solo molhado pela neve e me rolou. Ele apagou o fogo.

Com queimaduras de primeiro grau nas mãos e nos braços, Jim voltou para a casa cheia de fumaça, ligou para a emergência e certificou-se de que todos estavam fora da casa.

Naquela manhã, ele certamente se tornou uma pessoa muito maior do que imaginava ser.

Ele me salvou.

Ele se tornou um herói.

NUNCA DESISTA

Jim não era o único.

Quando ele entrou na casa em chamas para chamar a emergência, duas de minhas irmãs – Amy, de onze anos, e Susan, de oito – saíram correndo para o jardim. A explosão as tinha acordado. E, quando saíram do quarto e desceram as escadas, viram-me no hall, em chamas, gritando. Testemunharam Jim batendo em mim intensamente com o capacho, na tentativa de sufocar as chamas. Seguiram-no quando ele me levou para fora e, no jardim, viram-me contorcendo-me, com roupas e pele derretendo.

De verdade, você simplesmente leu isso e passou para a próxima frase?

Leia de novo.

Imagine a situação. Imagine acordar com uma forte explosão em sua casa, com as janelas estourando e o alarme disparando. Imagine olhar para baixo e ver seu irmão parecendo uma tocha, bem diante de seus olhos. Imagine o sufocamento, ao caminhar pela casa enfumaçada até a porta da frente. Imagine correr para fora, descalço, de pijama, e ficar parado, na neve. E imagine ver seu irmão caçula, aquele com quem você tinha brincado na noite anterior, a poucos centímetros de distância, queimando, curvado, contorcendo-se de dor.

O que você teria feito?

Como teria reagido?

Eu não sei você, mas eu teria saído correndo na direção oposta.

Esse sou eu.

Sei que estaria tão assustado que seria incapaz de fazer qualquer outra coisa além de correr e fugir do problema. Ou ir até alguém para pedir ajuda. Era assim que eu lidava com as coisas quando criança. E, para ser sincero, percebo que em alguns momentos ainda é assim que lido com as coisas hoje em dia.

E não é assim com todos nós?

Fugir. É uma das maneiras de lidar com os desafios da vida.

Mas existe maneira melhor.

O caminho alternativo é confrontar, assumir, posicionar-se, ajudar. Por sorte, para mim, Amy escolheu esse caminho.

Ela, imediatamente, foi até mim, me abraçou forte e disse:

– Vai ficar tudo bem, John. Vai ficar tudo bem. Tenha fé e lute.

Agora, preste atenção, não era isso o que eu esperava dela.

Porque não é isso o que se espera de uma criança de onze anos.

Acredito que foram palavras e ações ousadamente corajosas e inspiradas por Deus que aconteceram naquela manhã. Mas eu não estava pronto para elas. Eu não achava que ela estava certa.

Depois de ouvi-las, olhei para baixo.

Ao fazer isso, vi as minhas mãos.

Meus dedos estavam curvados, formando um punho. A pele estava vermelha e assustadora, e eu não conseguia mexer os dedos. Meus braços estavam descamando, e eram uma mistura de brilhantes tons de vermelho e carvão. Minhas roupas e minha pele haviam se tornado uma única coisa. Sentia meu corpo lentamente se curvando e se enrijecendo, mesmo estando envolto em seu abraço. *Não ia ficar tudo bem.*

Então, olhei para cima. Era a casa da minha infância. Aquele lindo sobrado que quase todo norte-americano tem na memória.

Reuniões nos cafés da manhã, jantares de Ação de Graças, manhãs de Natal, comemorações de aniversários, jantares em família e as discussões sobre a hora de ir dormir que costumam vir a seguir. Aquela casa era a minha vida. Eu a adorava.

Chamas saíam pelo teto da garagem; fumaça saía pelas janelas e portas. Eu havia dado início àquelas chamas; eu tinha liberado aquela fumaça.

E isso era mais do que eu podia suportar.

Entre o sofrimento de ter prejudicado toda a minha família e a dor física das queimaduras, desviei o olhar da casa. Olhei para Amy.

– Amy, me faça um favor. Entre em casa de novo, não importa que esteja pegando fogo, vá até a cozinha, pegue uma faca, volte até aqui e me mate. Amy, apenas me mate!

Vou contar uma coisa: simplesmente digitar essas palavras já é difícil para mim.

Hoje eu amo a minha vida. Amo completamente todos os dias dela. Sou a pessoa mais abençoada que conheço.

Contudo, naquele momento, pressionado pelo desespero e pelo peso de tudo, não aguentei. Não tenho certeza se queria morrer, mas estou certo de que não sabia se queria viver. Não conseguia ver um caminho adiante. Tudo parecia completamente sem esperanças.

Você não precisa passar por algo tão dramático como eu passei para se sentir profundamente tomado pelo desespero. Você tem suas próprias histórias de relacionamentos que fracassaram, amigos que o decepcionaram, problemas de saúde, problemas financeiros. Tem sua própria experiência de fumaça saindo daquilo que mais amava na vida.

Sei que a vida é dura.

E você também sabe.

Sabe que a vida é feita de montanhas e vales, e de muitos momentos de incerteza, e que vivemos entre eles.

Também sabe que momentos dolorosos podem impulsioná-lo para a frente ou empurrá-lo para trás. São os pontos de inflexão que criam a vida que você vive.

E, nesses momentos, ter alguém disposto a estar com você, a não desistir de você e a falar com você com honestidade faz toda a diferença.

Essa pessoa, no meu caso, foi minha irmã Amy.

Ao me ouvir dizer que queria morrer, ela me abraçou ainda mais forte. E então gritou algo que eu o convido a me dizer quando nos conhecermos:

– John, cale a boca! Qual é o seu problema? Me escute, está tudo bem. Tenha fé e lute.

Excelente conselho.

Entretanto, difícil de seguir.

MANTENDO-SE FIRME

Quando a vida fica difícil, podemos querer desistir.

Mas há um segredo que me ajuda a passar muitos dias, semanas ou anos difíceis:

Quando conhece as suas razões, você pode suportar qualquer como.

Adoraria ter escrito esta frase, mas vou contar um pouco sobre o homem que a apresentou para mim.

Durante a Segunda Guerra Mundial, Viktor Frankl passou anos como prisioneiro nazista na Europa. Frankl ficou preso em quatro campos de concentração diferentes em condições deploráveis e desumanas. Durante três anos, todos a quem amava morreram. Todos.

Frankl perdeu os pais, o irmão e sua esposa grávida.

Perdeu vizinhos e amigos.

Passou fome, apanhou e foi humilhado.

Passou por uma dor que não consigo imaginar.

Ainda assim, quando foi libertado, continuou seus atendimentos psicológicos, ajudando os outros a encontrar um sentido para a própria vida. Ele também escreveu um livro sobre como encontrar sentido e propósito em meio a tamanho sofrimento: *Em busca de sentido.* O título original era *Apesar de tudo, diga sim à vida: a experiência de um psicólogo em campos de concentração*. Sabe, eu adoro o título atual, mas algo no título original me chama a atenção.

O livro revolucionou a psicologia e jogou um pouco de luz sobre uma tragédia que muitos se recusam a discutir. Ele também impactou drasticamente a minha vida quando o li na faculdade – e muitas outras vezes desde então.

A frase *Quando conhece as suas razões, você pode suportar qualquer como* foi o que manteve Viktor Frankl capaz de passar por aquelas inimagináveis condições, como a fome, o abuso dos nazistas, a morte dos amigos e o medo de despertar para o mesmo pesadelo a cada manhã.

Na manhã em que foi capturado pelos nazistas, ele levava no bolso o manuscrito de um livro no qual vinha trabalhando. Quando chegou ao campo de concentração, foi despido de suas roupas... e de seu precioso manuscrito.

Frankl sabia que nunca recuperaria todo o seu árduo trabalho; que, muito provavelmente, seu manuscrito tinha virado cinzas poucos momentos após ter sido tomado dele.

Mas ele estava determinado a recriar o livro. Durante os tempos de cativeiro, escrevia em pedaços de papel. Compunha trechos em sua cabeça. Aquele livro, aquele manuscrito, tornara-se o seu motivo e o mantivera capaz de seguir em frente, de lutar pela vida.

É incrível que tenha sobrevivido. E, mesmo quando foi libertado, seria compreensível esse homem querer dizer não à vida. Ele vira a treva mais escura em toda a escuridão. O verdadeiro inferno. Uma crueldade indescritível.

Ainda assim, Frankl escolheu continuar dizendo sim para a vida. Encontrar significado. Encontrar um caminho para superar e seguir em frente. Ter fé e lutar.

Gastamos grande parte de nossos esforços e de nossa vida focando o "como". O "como" consiste em tarefas, deveres, obrigações, coisas da vida.

O "como" são as caronas, as funções sociais e os turnos de trabalho. É pagar impostos, pagar contas e pagar para comer a sobremesa irresistível. É a estratégia, o mapa, o plano. É uma lista de afazeres.

E sempre está aí.

Sempre está aí para nos desgastar.

E, frequentemente, esquecemo-nos do motivo que nos leva a fazer tudo isso. Esquecemo-nos do motivo pelo qual trabalhamos, cuidamos dos filhos, ajudamos, amamos, nos arriscamos. Esquecemo-nos até mesmo do motivo pelo qual lutamos para nos manter vivos. É como se o grosso da vida consistisse do mundano, de tarefas que precisamos completar todos os dias.

Ah, mas estar inspirado para a vida não trata do *como*.

As tarefas podem precisar ser feitas, realizadas, mas tudo a respeito delas, a respeito da *vida*, muda quando o foco passa a ser o *motivo*. Quando o motivo está à sua frente, lembrando-o do seu propósito, tudo muda.

Quando você sabe o seu motivo, pode aguentar qualquer como.

Simples e poderosa, a frase de Frankl nos recorda da importância de estarmos ardendo de propósito.

Porque o nosso motivo nos abastece com uma reserva de energia com a qual poderemos contar quando os tempos se tornarem difíceis.

Nosso propósito é a luz que nos faz seguir em frente mesmo no mais escuro túnel.

É o que nos ajuda a nos manter firmes, mesmo quando nos queimamos, quando é muito difícil e quando dói mais que o aceitável.

Meus irmãos me fizeram entender isso no dia do incêndio. Depois que a ambulância partiu, eles foram levados para a casa de vizinhos e, mais tarde, no mesmo dia, até o hospital para ver seus pais.

Membros da equipe guiaram Amy e meus outros irmãos pelo labirinto de corredores do hospital. Pegaram um elevador até o quarto andar. Desceram e, bem à frente, viram uma sala de espera cheia de amigos e familiares reunidos para dar apoio, chorar e orar com os meus pais.

Amy procurou pela sala, encontrou meu pai e correu até ele.

Eles se abraçaram.

Ela chorava descontroladamente.

Ele a abraçou com força.

E, com a voz sussurrada, entre soluços, ouviu Amy contar o que tinha visto naquela manhã. Ela contou da explosão, contou que me viu no hall e que o meu corpo estava em chamas, contou que ficamos do lado de fora, que estava frio e que ela sentiu medo, mas também contou que sabia que eu precisava dela, que ela me abraçou.

– Papai, parecia que o John ia virar cinzas nesta manhã. Ele estava tão quente que queimava meu braço dentro da camisola. Mas, papai, eu nunca vou desistir. Nunca vou desistir dele.

Em um momento crítico, quando eu queria morrer, ela me segurou.

Ela recusou-se a dar-me as costas.

Recusou-se a desistir.

Amy sabia por que estava sofrendo tanto. E sabia que seu sofrimento não era nada comparado ao que eu estava passando. Além disso, sabia que, se o abraço ajudasse, mesmo que só um pouquinho, toda a dor que estava sentindo seria válida.

Quando você sabe os seus motivos, pode aguentar qualquer como.

Amy conhecia o motivo dela.

E nós também.

Também é essencial entender que os nossos maiores impactos não estão apenas em momentos grandiosos da vida. Raras vezes somos convocados a ser heróis nos trágicos incêndios de casas da vida. Com muito mais frequência o nosso propósito é requerido enquanto vivemos a vida comum, rotineira.

UM GORDO PAGAMENTO

Durante todos os cinco meses da minha internação, fiquei na unidade para queimados.

Quarto andar.

Quarto 404.

Linda vista do estacionamento.

Como é tradição no hospital, toda manhã os médicos fazem rondas com os residentes e algumas pessoas da equipe. O médico titular para queimaduras, dr. Ayvazian, entrava no meu quarto com um grupo de pessoas usando jalecos brancos, falava sobre o tratamento e fazia algumas perguntas. Como eu não gostava de toda aquela atenção, em geral fingia estar dormindo.

E que fique só entre nós: ainda uso esse mecanismo quando minha mulher me faz perguntas difíceis à noite.

Quando você vai trocar a lâmpada acima da porta de entrada?

Zzzzzz... zzzzz

Devemos passar o Natal com a sua mãe ou com a minha?

Zzzzzz... zzzzz

Você prefere meu cabelo como ficou ou como estava antes do corte?

Zzzzzz... zzzzz

Pois bem, em uma das visitas dessa equipe médica, o doutor pediu que um homem viesse à frente.

Era Lavelle.

O faxineiro.

Todo dia de manhã ele ligava o rádio e limpava o quarto. Desde pequeno, nunca me importei se o quarto estava limpo ou não.

A única coisa que me importava ali era que Lavelle era legal. E tinha ótimo gosto musical.

Naquele dia, em particular, dr. Ayvazian pediu a Lavelle que se aproximasse da lateral da minha cama, olhou-o nos olhos e disse:

– Olhe bem para esse garotinho. Você o vê deitado aqui? Lavelle, você o está mantendo vivo. É você que está fazendo isso. É resultado do seu bom trabalho. Obrigado.

No momento, não entendi o que o médico estava querendo dizer. Eu não sabia que a razão número um de morte para feridos com queimaduras é a infecção. Infecções matam nos hospitais. E, sem pele, era muito provável que uma infecção me matasse. Por isso, meus pais e meu irmão precisavam cobrir o corpo todo, da cabeça aos pés, com aqueles jalecos amarelos. Era tudo para impedir que os germes chegassem até mim.

Enquanto os médicos faziam tudo o que podiam para prevenir infecções, a pessoa mais importante para diminuir a probabilidade de infecções não era um médico nem uma enfermeira.

Também não eram meus pais nem meu irmão.

Era o faxineiro.

Um quarto limpo era um quarto seguro.

Meu médico sabia disso. Mais ainda: ele sabia da importância do propósito. Lavelle tinha muitos quartos para limpar, mas o dr. Ayvazian o fazia participar das rondas para, desse modo, lembrá-lo de algo importante.

Muito frequentemente ficamos absortos nas tarefas do dia a dia. Na monotonia. Quando isso acontece, podemos nos esquecer de como os nossos esforços são importantes em uma visão mais ampla das coisas. Tudo importa – todo trabalho realizado, toda tarefa cumprida, toda responsabilidade assumida.

Você acredita nisso?

Acredita que o seu trabalho importa?

Que cuidar de seus filhos importa?

Que o amor que dedica a seu companheiro importa?

Que a forma como trata desconhecidos na rua importa?

Tudo o que fazemos importa.

Nossa vida é sagrada.

Não há jogadores menos importantes.

Não há tarefas menos importantes.

Minha equipe médica era excepcional. Era comandada por um médico reconhecido como um dos melhores do mundo. Enfermeiras, fisioterapeutas respiratórios, farmacêuticos, nutricionistas, técnicos, todos realizaram suas funções sem falhas. Voluntários me visitaram, a comunidade orou, mas uma razão essencial pela qual sobrevivi foi um faxineiro que não era guiado por uma tarefa, mas por um motivo. Sua motivação não era o salário, mas a vida de um garotinho.

De nada teria adiantado tudo isso se esse homem, essa pessoa, uma pessoa comum, escolhesse não se importar.

Indiferença mata.

Mata pacientes. Mata relacionamentos. Mata comunidades.

Mas o propósito traz vida para as pessoas, os trabalhos, os relacionamentos, para a nossa existência, enfim.

DECLARAÇÃO DE INÍCIO

Você tem filhos?

Não?

Bom, e já conviveu com crianças?

Ótimo.

Pense na época em que elas têm cerca de três anos. Bem, pode pensar em qualquer momento a partir daquele em que aprendem a falar até a idade atual. Qual a pergunta preferida?

"Por quê?"

Diante de frases como "está na hora de ir pra cama", "coma os vegetais", "coloque um casaco", crianças seguem qualquer declaração com um inquisitivo "por quê?". É fofo no começo, mas, como pai, você logo se cansa de responder a todas essas perguntas, principalmente quando não tem ideia de como responder. *Pai, como nascem os bebês?*

Mas as crianças estão no caminho certo.

Quando você compreende o propósito de alguma coisa, é possível seguir adiante com clareza, sem pensamentos incômodos questionando se vale a pena ou sem considerar se algo é difícil demais para que se possa realizá-lo. Quando sabemos nossos motivos, nos mantemos concentrados, estáveis, seguindo adiante.

Então, como manter a vida inspirada quando os dias são longos, o percurso é duro, e parece mais fácil apenas ficar quietinho no seu canto, deixando as coisas acontecerem? Parando de se importar e deixando a indiferença assumir a sua vida?

Encontre um jeito de deixar o seu motivo estampado à sua frente.

Muitos anos atrás, criei um lembrete constante para me manter motivado o dia todo, todos os dias, independentemente do que estivesse fazendo.

Eu o chamava de minha *declaração de ignição.*

Muito parecida com a declaração de missão que muitas empresas têm, uma declaração de ignição o ajuda a determinar a razão pela qual trabalha todos os dias, nos dias bons e nos dias ruins. A declaração o incentiva e o faz lembrar-se do motivo de tudo aquilo.

Veja, o seu propósito age como o combustível do seu carro, mantendo-o em funcionamento. Se começa a baixar, é como se estivesse ficando sem gasolina. Uma declaração de ignição é um lembrete constante do motivo pelo qual você trabalha, seja em casa, seja no escritório ou na comunidade. Ele mantém seu tanque cheio.

O fato de eu viajar por mais de cem dias por ano, apoiando o crescimento de uma equipe de trabalho, lutando para ter impacto na vida das pessoas dessa equipe e, ao mesmo tempo, sentindo o desejo de ser o melhor marido, o melhor pai e o melhor filho possível, poderia criar uma tensão. Minha declaração de ignição alivia muito dessa tensão ao me manter aceso quando estou na estrada, em casa ou em qualquer outro lugar. Ajuda-me a responder à pergunta: "Por que fazer seu melhor e colocar-se nessa situação tendo tudo o que você tem?".

Para mim, é simples. Passei anos refinando a minha declaração de ignição, e hoje ela sai naturalmente pela minha boca e por minhas ações: *porque Deus exige, minha família merece e o mundo anseia.*

Isso me preenche com segurança no aeroporto, ao cumprimentar taxistas em novas cidades, ao falar para plateias, ao sair com as pessoas hospedadas no hotel, ao voltar correndo para o aeroporto, ao ser gentil com os atendentes do voo e passageiros e ao voltar a estar plenamente presente com a minha linda esposa e os meus filhos quando retorno à minha casa.

Mas você não se cansa, John?

Claro.

E não há dias em que tem dores físicas?

Certamente.

Não há dias em que simplesmente não está a fim?

Muitas vezes.

E como consegue continuar?

Fácil.

Porque Deus exige, minha família merece e o mundo anseia.

Só pensar nisso já me anima outra vez.

Então, deixe que eu faça algumas perguntas para você: Por que você está aqui? Por que deseja prosperar na vida? Por que dar o melhor de si e colocar-se nessa situação com tudo o que você tem?

Ao responder essas perguntas, você começa a colocar para fora a sua declaração de ignição, que deve começar com *"Porque"*.

Porque eu tenho valor.

Porque esse emprego é importante.

Porque meus filhos precisam de mim.

Porque eu a amo e preciso que ela saiba, todos os dias.

Porque tenho saúde e estou vivo e quero fazer alguém sorrir, mesmo que seja apenas Deus.

Porque vale a pena.

Porque a vida é linda.

Mas preciso esclarecer uma coisa. A sua declaração de ignição, a paixão que ela desperta e o propósito que alimenta devem ser usados para inspirar a sua vida cotidiana. Não estamos falando de uma missão ocasional ou das férias familiares na primeira classe. O foco não é a aposentadoria em trinta anos nem os ingressos para a próxima temporada de esportes. O que busco ajudá-lo a conseguir aqui é a energia para manter-se longe da indiferença e seguir adiante com propósito em sua vida diária.

As grandes viagens importam. Os planos para amanhã são excelentes. Mas a vida real acontece em meio a fraldas e caronas, planilhas e agendas abarrotadas, horários de pico no trânsito e noites tranquilas em casa. O que acontece é que o mundano é o mais assustador.

E sua declaração de ignição o faz lembrar-se de agir de acordo com isso.

APOSTANDO TUDO

O dia 11 de setembro de 2001 mudou o mundo.

Se você estava vivo naquele dia, vai lembrar-se de onde estava e o que estava fazendo quando os aviões atingiram as Torres Gêmeas, o Pentágono e o campo em Shanksville, Pensilvânia.

Eu estava trabalhando a poucos quilômetros da casa dos meus pais, e fui para lá correndo assistir à cobertura com eles. Minha mãe e eu nos sentamos no sofá, sem falar nada, e vimos a fumaça que saía dos edifícios.

Vimos batalhão atrás de batalhão de bombeiros jovens, vibrantes e plenamente vivos de Nova York colocando a jaqueta, pegando seu equipamento e seguindo rumo às Torres.

Nos edifícios, todos fizeram tudo o que podiam para descer e sair, fugir do perigo, salvar-se. E esses heróis escolheram o inverso, escolheram entrar ali.

Eles não estavam tentando se tornar heróis. Não acordaram querendo se tornar mártires. Pelo contrário. Foram impulsionados pelo amor, pelo dever, pela esperança, pela missão, por seus *motivos*. Agiram abnegadamente e salvaram vidas dando as suas em troca.

Eles aceitaram o pacote completo.

Para poder realmente ser um herói, é preciso estar disposto a arriscar tudo.

O que você está disposto a arriscar na sua vida? O que importa tanto a ponto de você estar disposto a arriscar todo o resto – status, saúde, amizades, segurança e mesmo a própria vida?

Aqueles que vivem vidas apaixonadas e produtivas sabem como responder.

Eles se tornam heróis por conhecerem seus motivos.

Exemplos deste capítulo incluem meu irmão, minha irmã, Lavelle, bombeiros e oficiais das forças armadas. Quero apresentar a vocês mais um herói, mais um indivíduo que entrou nas chamas quando todos os outros fugiam delas.

No dia em que me queimei, uma pequena heroína surgiu para mudar a minha vida.

Enquanto as chamas continuavam queimando nossa casa, minha irmã Amy seguia abraçada a mim para me dar força. E quando ela dizia que tudo ficaria bem, eu repetia meu pedido: *Volte pra dentro, traga uma faca e me mate. Não está tudo bem. Não mesmo. Olhe o que eu fiz.*

Ouvindo essa conversa de vida e morte, estava Susan, nossa irmã menor.

Ela tinha oito anos, cabelos absolutamente negros, bochechas grandes, um sorriso sempre presente e um charme encantador. Eu era seu irmão mais velho, o que significa que tudo o que meu irmão mais velho fazia comigo (como o sanduíche com pimenta), e que eu odiava, me serviu de exemplo para fazer igualzinho com Susan. Famílias grandes funcionam de forma muito similar a um encanamento... carregam tudo, *tudo*, para baixo.

Susan, venha aqui. Fiz um sanduíche com manteiga de amendoim e geleia. Você vai adorar!

Então, talvez não surpreendesse que, quando eu estava no jardim, pedindo uma faca, Susan rapidamente me atendesse.

Essa garotinha abriu mão da segurança do ar fresco do jardim e foi correndo na direção da casa em chamas. Com a fumaça saindo por portas e janelas, ela entrou pelo hall, passou pela sala e foi até a cozinha.

Era difícil enxergar.

Mas ela conhecia o caminho.

E conhecia o seu motivo.

Susan pegou o que havia ido buscar e voltou correndo para fora.

Nunca vou me esquecer daquele momento em que eu estava no jardim, abraçado pela doce Amy, vendo a casa queimar, e avistei minha irmã caçula saindo pela porta da frente.

Foi como um filme.

Ela veio correndo até mim, com o rosto escurecido, distorcido por uma careta e pelas marcas de lágrimas e fuligem.

Ficou a poucos centímetros de mim.

Arquejando.

Ele estava em suas mãos.

Segurando-o, ela se lançou em direção a mim.

E o copo de água que ela segurava espirrou diretamente no meu rosto.

Eu queria morrer.

Susan tinha arriscado sua vida por um simples copo de água, implorando-me para sobreviver.

Depois de jogar o primeiro copo de água no meu rosto, ela voltou correndo para dentro da casa em chamas, foi de novo até a cozinha, encheu outro copo de água, correu para fora e jogou-o no meu rosto outra vez.

Então, em 17 de janeiro de 1987, ela entrou em nossa casa pela terceira vez.

Na Bíblia, Jesus nos lembra: "Não há amor maior do que este: alguém dar a própria vida pelos seus amigos".

Aos oito anos, ela estava disposta a fazer isso.

Achamos um milagre que ela tenha saído com o terceiro copo de água e jogado no meu rosto.

E isso fez toda a diferença.

Como já contei, tive queimaduras de terceiro grau da cabeça aos pés. Meu rosto e couro cabeludo, no entanto, não tiveram queimaduras tão profundas. Em parte, o crédito pode ir para a ação de Susan, que esfriou meu corpo nessas áreas e impediu mais queimaduras. Os médicos sugeriram que foi ela quem salvou meu rosto e couro cabeludo das queimaduras de terceiro grau. E isso é extremamente importante, porque ela não apenas salvou o meu rosto, como também o couro cabeludo, que passou a ser o local de doação para todo o meu corpo durante os meses de cirurgias e enxertos de pele que se seguiram.

Ela salvou a minha vida.

Esse é um exemplo real e muito potente do que é ser guiado por um propósito maior que qualquer desculpa.

Um lembrete pungente de que, quando sabemos os nossos *motivos*, aguentamos qualquer *como*.

E um convite para decifrarmos o que realmente importa em nossa vida e podermos escolher apostar tudo.

Indiferença *versus* Propósito

Um herói é um indivíduo comum que encontra força para perseverar e resistir apesar de dificuldades extremas.
– Christopher Reeve

Você está ardendo de propósito hoje?

Não estou perguntando quando foi a última vez que você entrou em uma casa em chamas ou se arriscou para salvar alguém. Quero saber se está vivendo como se a sua vida valesse a pena. Como se algo importante em sua vida estivesse em risco hoje.

Você está apostando tudo?

Ou permitiu que a indiferença lentamente roubasse toda a sua alegria? Está deixando que as coisas mundanas, ordinárias, desafiadoras, tediosas, roubem a essência da sua vida?

Deixe que esse seja o seu ponto de inflexão.

Escolher viver *de fato* significa não estar disposto a aceitar uma vida neutra. Você pode continuar a se esconder, se proteger, não se envolver e fingir não se importar. Certamente, pode cruzar os braços e dizer: "E daí? Não me incomodo. E daí? Não ligo. E daí? Não importa".

Ou pode voltar para a luta.

Você pode envolver-se com o mundo à sua volta, encontrar o seu propósito e agarrá-lo com toda a sua vontade. Pode orgulhosamente declarar: "E daí que às vezes queime? Vale a pena! E daí que às vezes machuque? Posso inspirar outras pessoas! E daí que seja difícil? Só tenho uma vida e não planejo desistir nunca!".

Ao escolher viver ardendo de propósito, você pode salvar uma vida.

Talvez a sua própria.

Escolha o propósito.

Se você mudar a maneira como olha
para as coisas, as coisas para as quais você olha
mudam.

– Wayne Dyer

4

Por que você está preso?

Mude a forma como faz uma pergunta para mudar a resposta que obtém – e a vida que leva.

Meus olhos não se abriam.

Eu tinha acabado de passar por mais uma cirurgia.

A sétima.

Já sabia como era.

Eles me levavam do quarto pela manhã.

Desciam-me pelas escadas.

Agrupavam-se em volta de mim com aquelas máscaras azuis e aquele pequeno chapéu, também azul.

Um deles colocava uma máscara plástica no meu rosto.

Falavam comigo sobre o tempo, sobre beisebol ou sobre suas famílias.

Eu caía no sono.

Eles faziam a cirurgia.

Eu acordava depois, sentindo-me grogue.

Muito grogue.

E sempre, sempre mesmo, as primeiras pessoas que via eram minha mãe e meu pai. Eles sempre estavam ali.

Davam-me pedaços de gelo para chupar, parabenizavam-me por eu ter passado por mais uma cirurgia, e lembravam-me de que estávamos um passo mais perto de ir para casa.

Às vezes, eles ainda tinham um brinquedo novo da loja de presentes.

A maioria das minhas cirurgias era para retirar pele da parte do meu corpo que estava menos queimada, minha cabeça, e enxertá-la na carne viva em que estava o restante dele.

Não entendo como fazem isso, mas eles dizem que estão unindo minha pele de novo.

Dizem que assim poderei ir para casa.

E isso é tudo o que desejo.

Quero ir para casa com mamãe e papai.

Uma enfermeira verifica meus sinais vitais.

Ela fala comigo, mas estou muito cansado para olhar para ela.

Meus olhos não se mantêm abertos.

Então, escuto um barulho no canto do quarto em que meus pais costumam ficar.

Sussurros abafados. Estão conversando entre si.

Abro os olhos de novo.

E vejo minha mãe chorando.

O que está acontecendo? Por que está chorando?

Nunca vejo minha mãe chorar.

Mamãe não chora.

Mamãe me ajuda quando eu choro.

Ela está sempre bem. Sempre positiva. Sempre nos incentivando.

Ela tem muita fé; então, vê-la chorando me deixa... assustado.

Meu pai percebe que meus olhos estão abertos.

Ele toca o ombro de minha mãe. Ela enxuga as lágrimas e me olha, sorrindo.

Os dois se aproximam de mim e, delicadamente, tocam o meu ombro.

– Oi, querido! – diz mamãe. – Como está se sentindo?

Balanço a cabeça, indicando que estou bem.

Mas ainda quero saber o que há de errado com eles.

Meu pai dá um passo à frente.

Ele se inclina.

Sua voz está um pouco estranha... Como se houvesse um sapo em sua garganta.

– John, precisamos contar uma coisa a você. Esta última cirurgia correu bem. Um passo mais perto de irmos para casa... Mas, John, eles... eles precisaram remover seus dedos. Eles estavam muito danificados pelo fogo, e não foi possível salvá-los. Já estavam infeccionados e a infecção iria se espalhar...

Meu pai continuou falando.

Eu parei de ouvir.

Do que ele estava falando?

Olhei para minhas mãos enroladas em curativos.

Não pareciam diferentes de antes. Desde que cheguei ao hospital, elas estão envoltas em gaze.

E continuavam assim.

E o que ele quer dizer com eu não ter mais dedos?

Eu o interrompo.

– Eles vão crescer de novo?

Ele balança a cabeça. Não.

Eu digo que as unhas crescem de novo.

Das mãos e dos pés.

O cabelo cresce.

Como podem saber que meus dedos não crescerão também?

– Sinto muito, John, eles não vão crescer de novo. Essa é a verdade.

Minha mente acelera um filme imaginando a vida fora dali.

Sem dedos, não poderei jogar beisebol, escrever meu nome, ir para a escola.

Isso significa que não poderei conseguir um emprego e ganhar dinheiro.

Não poderei ter filhos nem esposa nem uma vida; afinal, que garota vai querer andar de mãos dadas com um garoto sem dedos?

Sinto meu corpo começar a tremer de raiva, em choque.

Como puderam deixar que fizessem isso?

– Papai, por que deixou que fizessem isso comigo!?

– John, fizemos isso para salvar a sua vida. Amamos você, mais do que nunca.

Balancei a cabeça e reclinei no travesseiro.

Fechei os olhos.

Chorei.

Eu sabia que a minha vida estava acabada.

Qual a diferença entre uma tragédia e um triunfo?

O que separa uma pessoa que parece abatida com os contínuos percalços, que vive a vida como uma tragédia, e alguém que parece passar por experiências difíceis e as supera de maneira heroica, vivendo uma vida que poderia ser um livro de sucessos épicos?

Por que algumas pessoas parecem fracassar repetidamente em seu caminho pela vida e outras parecem reerguer-se, ficar mais fortes e ir mais longe?

Meu amigo, a vida é dura.

E todos sabemos disso.

A tempestade de revoltas, desafios e tragédias chega à vida de todos.

Observamos indivíduos que lidam com as dificuldades e seguem focados na parte ruim. Conhecemos pessoas que passam a vida toda presas à decepção, presas à rotina, incapazes de tomar impulso e de seguir em frente.

Mas também vemos pessoas que se erguem das cinzas. Vemos pessoas que sobrevivem a processos extraordinários e conquistam um assombroso sucesso.

Então, o que faz com que algumas pessoas sejam vítimas das circunstâncias enquanto outras prevalecem sobre elas? É algo interno, um núcleo oculto de força com o qual você pode ou não nascer?

Não.

A resposta está na maneira como se faz uma simples pergunta.

A MUDANÇA DO VENCEDOR

Tenho muitos heróis em minha vida.

Você já conheceu alguns deles. À medida que avançarmos, conhecerá outros.

Heróis são importantes. Eles nos mantêm focados no que é possível. Eles nos relembram do poder de superação. Relembram-nos do que sabemos, lá no fundo, que é possível alcançar. Relembram-nos de que podemos passar pela vida se simplesmente pararmos de dar desculpas. E também nos lembram de que heróis raramente usam capas.

Algumas pessoas comuns decidem viver de maneira extraordinária apesar das dificuldades que enfrentam. Um dos melhores exemplos disso é meu pai.

Imagino que, para muitas crianças, o pai seja o primeiro herói. Quando somos crianças, temos nossos pais como referência; nós os reverenciamos, tememos e amamos. Queremos que estejam assistindo aos nossos jogos, que fiquem contentes com os nossos boletins e que sintam orgulho de nós.

Atualmente, é meu pai quem me deixa orgulhoso. Ele fez setenta anos recentemente, e há vinte e três anos luta contra a doença de Parkinson.

Você provavelmente conhece um pouco da doença de Parkinson por conta do famoso ator Michael J. Fox, que seguiu em destaque e atuando apesar de tudo o que a doença lhe tirou. Mal de Parkinson é uma doença degenerativa, que aos poucos atinge todo o funcionamento do corpo. Com o tempo, a doença elimina a capacidade de digitar, escrever, dirigir, caminhar, falar e comer. Como resultado, torna-se cada vez mais difícil socializar. Trabalhar. Ter hobbies. Ser uma pessoa normal.

Torna difícil viver.

Até o diagnóstico, meu pai era tremendamente ativo. Nunca faltou um dia na escola, na faculdade, nas aulas de Direito ou no trabalho. (Eu costumava faltar à escola em dias que *poderia* estar doente.)

Ele se orgulhava por ajudar a cuidar da casa e do jardim, ainda que seu trabalho como jardineiro e faxineiro fosse meio ruim... (Desculpe, pai, mas é a verdade!)

Ele sempre era o primeiro a levantar-se e o último a ir se deitar, era bem-sucedido profissionalmente, presente em casa, apaixonado por sua esposa, realizado por ter seus filhos e ativo em sua fé. Era a definição de um homem de sucesso.

Foi difícil ver a saúde, a energia e a vibração sendo lentamente tiradas dele. Meu pai, atualmente, pode fazer poucas atividades físicas, mas segue sendo a pessoa mais crente, amorosa e otimista que conheço. Por mais difícil que seja essa doença para ele, fico surpreso por nunca o ter ouvido reclamar.

Agora, quando foi a última vez que você reclamou?

Talvez quando se esqueceram de colocar creme no seu café?

Pelo fato de o trânsito estar travado?

A lavanderia mandou uma camisa errada?

O bife estava malpassado?

Muitos de nós somos especialistas em perceber o que há de errado e reclamar disso com os outros.

Mas eu tento tirar uma lição da experiência do meu pai. Ele tem enfrentado essa doença tão debilitante há mais de duas décadas. Caiu diversas vezes, quebrou ossos, passou por cirurgias e toma medicamentos de uso contínuo. Parkinson fez sua vida extremamente difícil e, recentemente, dolorosa.

E nenhuma vez ele reclamou a respeito disso.

Ele é um homem incrível.

Quando crescer, quero ser exatamente como ele.

Com o tempo que passo fora de casa por conta da carreira de palestrante, deleito-me com os finais de semana em casa. Muitas vezes, aproveito o tempo com a minha expansiva e sempre ativa família em nossa casa. A alegria e as brincadeiras de quatro crianças enchem os cômodos. Comemos *waffles* pela manhã, jogamos durante o dia e, às vezes, nos encontramos com amigos.

Às vezes, fazemos uma rápida viagem, arrumamos as malas, colocamos no carro e vamos visitar os meus pais. Minha mãe não se cansa nunca dos netos. Beth a ajuda a controlar a bagunça e eu apenas aproveito a visita.

Em uma dessas ocasiões, meu pai e eu estávamos sentados na varanda de sua casa, e copos de chá gelado estavam sobre a mesa de café à nossa frente. Foi um dos dias mais difíceis para ele, que, claramente, estava sentindo dor. Ele não conseguiu sair da cadeira de rodas para nos cumprimentar. Falar era difícil. Então, ele ficou ali, em silêncio.

Quando você realmente conhece alguém, não é necessário falar para haver uma conversa.

Mas havia uma coisa que eu precisava tirar de dentro de mim. No dia anterior, em um evento, eu desafiara o grupo a dizer aos heróis de suas vidas o que cada um sentia com relação a eles.

Sentado ali, ao lado do meu pai, percebi que eu deveria seguir o meu próprio conselho. É raro termos momentos a sós, e é ainda mais raro eu compartilhar meus sentimentos.

Meus sentimentos profundos.

Então, olhei para o meu pai e disse-lhe quanto o amava. Disse como ele era um pai incrível e que eu tinha orgulho dele.

Ele, provavelmente, achou que havia algo de errado comigo e já estava se preparando para perguntar: *Você está doente? Andou bebendo? Está se mudando? O que está acontecendo?*

Em vez de esperar por sua pergunta, eu continuei:

– Pai, penso nisso toda vez que estou com você, mas queria que você soubesse.

Embora tenha sido desconfortável dizer isso, o sorriso no rosto dele foi uma excelente recompensa.

Nós nos abraçamos e ele disse que também me amava. E aproveitou a ocasião para dizer que eu era seu filho preferido. (Não, ele não disse! Meu pai sempre dizia a cada um de seus seis filhos que éramos seu preferido... e ele era sincero com cada um de nós!)

Ficamos sentados em silêncio por um momento. Um peso tinha saído de mim. Compartilhei algo que estava em meu coração, mas que nunca havia sido claramente verbalizado. Era importante, para mim, compartilhar e, a julgar pelo brilho no olhar dele, foi importante para ele ouvir.

– Pai, sei que hoje não é um bom dia para você. Parece que as coisas só estão piorando. Como você consegue... se manter tão positivo?

Ele balançou a cabeça e sorriu.

Tomou um gole do chá gelado, limpou a garganta e, suavemente, murmurou:

– Bem, John, não sei como eu poderia ser negativo tendo tudo o que tenho para agradecer.

Meu pai disse isso enquanto estava sentado em sua cadeira de rodas, com dificuldade para se comunicar.

Já tinha derrubado um pouco de chá por causa dos tremores.

Tinha uma tala no braço direito, por conta de uma queda recente.

Mas foi sincero no que disse, assim como era sincero o sorriso em seu rosto.

– Bem, como o quê, pai? Que tal fazermos assim, pai, você pode me dizer três coisas pelas quais pode ser grato graças ao Parkinson?

Eu sabia que meu pai era muito abençoado, mas tinha curiosidade em saber como ele fazia uma doença terrível como aquela ter sentido.

Ele ficou sério, pensativo.

– Bem, primeiro, sou grato por não ser uma doença mais grave.

Eu mal podia entendê-lo, tão fraca estava sua voz.

Ele tomou mais um gole do chá, limpou a garganta e continuou.

– E sou grato pelo tempo para refletir sobre quem sou eu e quem é Deus. Eu costumava estar ocupado. Sou grato por esse tempo para reflexão.

Em uma grande pausa antes de sua terceira resposta, ele moveu a xícara desajeitadamente até a boca e engoliu, desconfortável.

– E, John, eu sempre gostei da sua mãe.

Eu ri.

– Fico feliz que você goste da mamã, pai. Vocês estão casados há quarenta e cinco anos!

– Você não entendeu. A doença levou alguns de meus amigos embora. É difícil fazer as coisas. É difícil sair de casa. E mais difícil ainda é andar pela casa. Mas sua mãe, minha esposa, está cada vez mais próxima. Eu a amo. E sou grato por meu relacionamento com ela.

Ele desviou o olhar de mim e olhou para o jardim.

Eu pensei em suas respostas. Temos aí uma doença que tira tudo do paciente e, ainda assim, ele era grato por não ser pior.

A doença o forçava ao isolamento, e ele, ainda assim, era grato pelo tempo para refletir.

A doença o fazia totalmente dependente dos outros, e, ainda assim, ele era grato por seus relacionamentos, em especial pelo que tinha com sua esposa.

Eu me levantei para dar mais um forte abraço em meu pai. E ele disse, com firmeza:

– John, sente-se. Eu não terminei. Tenho mais coisas a dizer. Sente-se.

"Sou grato pela tecnologia médica e por quem a provê.

"Grato pela empatia que ganhei pelas outras pessoas que enfrentam desafios.

"Quando não posso falar ou caminhar, sou grato pelos dias em que posso.

"Quando dirigimos, sou grato pelas vagas para deficientes.

"Sou grato por ter tido tempo para escrever meu livro, *Overwhelming Odds*.

"Grato por, todos os dias, ver, ouvir, aprender, rir, amar e viver.

"E, John, sou grato por estar sendo curado, mesmo que não chegue à cura total. A doença de Parkinson pode acabar me matando, mas eu acordo todos os dias sabendo que Deus já me curou."

Eu não tinha o que dizer. Sua resposta me deixou sem palavras.

Eu só podia erguer meu copo em um brinde, tomar um gole e tentar engolir, apesar do nó na garganta, e olhar para longe, com lágrimas nos olhos.

A doença do meu pai é o que é. Não podemos fazer muita coisa a respeito, mas ele tem o poder de escolher como responder a ela. Essa terrível doença, sua intensa dor, sua incapacidade de trabalhar e as decorrentes dificuldades financeiras deram origem a alguns dos maiores presentes na vida de meu pai, porque ele *escolheu* olhar para eles.

Ele *escolheu* olhar para eles.

Ele é um ótimo exemplo de alguém cuja vida é ardente. **E ele exemplifica a quarta escolha que encararemos se formos viver uma vida altamente inspirada: escolher deliberadamente ver a vida, toda a vida, o que parece bom e o que parece ruim, como um presente.**

Porque, ao colocar o foco em qualquer uma das áreas da nossa vida, nós a faremos crescer.

Se nos concentrarmos nos aspectos ruins, eles se multiplicarão, aparecerão em todos os cantos (assista ao jornal esta noite, se não acreditar em mim; os repórteres são especialistas nisso). Concentre-se no que estiver bem e isso se expandirá por todo lado.

Em vez de focar naquilo que deixou de ter, meu pai escolheu olhar para o que tem.

Em vez de olhar para o que falta em sua vida, ele olha para as bênçãos recebidas.

Todos nós conhecemos pessoas que têm tudo e não são gratas por nada. Também conhecemos pessoas que não tem nada e são gratas por tudo.

Que tipo de pessoa você é? E, mais importante, que tipo vai ser?

QUAL É A PERGUNTA?

Eu já disse que a diferença entre uma vítima e um vitorioso é a forma como eles fazem uma simples pergunta. Deixe-me explicar.

Qual é a pergunta favorita da vítima?

Pense em pessoas que você conhece que parecem sempre atuar com a mentalidade de vítima... A vida sempre está contra elas e elas sempre têm algum drama do qual reclamar. Quer saibam, quer não, elas têm um refrão repetitivo na cabeça. Têm uma pergunta que fazem a si mesmas e ninguém mais escuta: Por que eu?

Por que eu? Por que isso está acontecendo comigo?

Por que eu? Por que as coisas sempre dão errado para mim?

Por que eu? Por que todas as outras pessoas têm sorte?

Mas, quer saber? Os vencedores também têm uma pergunta preferida. Só que é uma pergunta completamente diferente.

A pergunta não considera apenas o copo metade cheio, e sim transbordando. Vencedores fazem sua pergunta considerando o passado como um grande professor. Eles veem o futuro como excepcionalmente brilhante. E consideram o desafio, qualquer que seja, um dom.

A pergunta que os vencedores se fazem é... por que eu?

Por que isso aconteceu comigo? Que lições está me ensinando? Como posso superar essa situação sem permitir que me sugue, conseguindo me reerguer e beneficiando os outros?

Por que eu? Deve haver alguma razão, algo a aprender.

Por que eu? Não, as coisas não são perfeitas, mas, no final, certamente vai acabar dando certo.

Por que eu? Como foi que vim parar aqui nessa vida e com a incrível capacidade de fazer qualquer coisa com ela?

Mudar a maneira como você se faz uma pergunta simples transforma as respostas que você obtém, o que você faz com elas e, por fim, como você vive.

A qualidade da nossa vida não é uma questão de circunstâncias. A qualidade da nossa vida, o nível de alegria e a capacidade de transformar desafios em oportunidades está em nossa perspectiva.

Agora, isso não é apenas "quando a vida lhe dá limões...". Vai muito além de qualquer pôster motivacional. Melhor do que qualquer adesivo barato de carro.

A maneira como escolhemos ver os eventos cotidianos, os relacionamentos pessoais, os encontros casuais e os momentos significativamente dramáticos influencia não apenas a vida que vivemos, mas sua longevidade e vibração. E isso não é minha opinião. Nada disso. Há importantes dados respaldando tal fato.

Em 1986, pesquisadores da Universidade de Minnesota começaram um experimento que logo se tornou conhecido como o Estudo das Freiras. Freiras eram consideradas uma boa população para estudos, porque, por conta do estrito regime de clausura, a vida delas tinha menos variáveis que a vida do restante da população.

Pense a respeito – em razão dos votos, essas mulheres vivem vidas semelhantes, comem refeições semelhantes, trabalham uma quantidade de horas semelhantes e sob circunstâncias semelhantes. Ao buscar um grupo homogêneo, isso é praticamente o melhor que se pode obter.

No experimento, os pesquisadores investigaram e avaliaram a vida de cento e oitenta freiras das Irmãs de Notre Dame, em Milwaukee, inclusive seus diários. Os pesquisadores queriam saber se atitude e longevidade estavam relacionadas. Ao passar pelas páginas dos diários das freiras, eles identificaram comentários positivos e negativos. Um comentário como "a comida aqui cheira mal" era considerado negativo. Em oposição, "sou grata por mais uma noite de feijão com arroz!" era considerado positivo.

E havia alguma conexão?

Importava a maneira como faziam a pergunta *por que eu*?

A atitude tem impacto na longevidade?

Gratidão realmente faz alguma diferença???

O que você acha?

Uma pesquisa cautelosa revelou que trinta e quatro por cento das freiras que eram menos alegres em seus diários passaram dos oitenta e cinco anos.

Nada mau.

Até você comparar com as que faziam comentários mais positivos.

Um inacreditável número de noventa por cento das freiras cujas declarações eram mais alegres seguiam vivas depois dos oitenta e cinco anos. Uma década depois, cinquenta e quatro por cento das mais alegres seguiam vivas aos noventa e quatro anos, contra apenas onze por cento das menos alegres. Os números eram inacreditáveis. Os pesquisadores buscaram outros fatores que pudessem explicar isso... quão devotas eram as freiras, quão intelectualizadas, quão ativas fisicamente. Mas apenas um fator claramente se relacionava à extensão da vida e a vitalidade: a quantidade de sentimentos positivos ou negativos expressados.

Isso é muito importante.

É claro que todos nascemos com um temperamento específico, e algumas pessoas são naturalmente mais alegres e felizes que outras, mas podemos aprender a incorporar a gratidão à nossa vida. Quando a vida nos coloca para baixo e começamos a ouvir o refrão *Por que eu? Pobre de mim* repetindo-se em nossa mente, podemos parar e reconhecer esse momento como um ponto de inflexão. Podemos seguir em frente com a mesma atitude ou podemos, ativamente, tentar mudar de rumo.

Podemos dar passos para essa superação.

Podemos encontrar razões para sermos gratos.

Mas precisamos fazer essa escolha.

UMA LIÇÃO APRENDIDA

Eu adoro a época do Natal.

O tempo frio, muito tempo em família, dias de folga do trabalho, comida deliciosa, música alegre, eventos na igreja, celebrações festivas, luzes de Natal... Adoro tudo. E não há dia melhor na época do Natal que a véspera do Natal.

Em 24 de dezembro de 1998, quando a neve começava a cair do lado de fora, minha família estava reunida dentro de casa. A lareira acesa crepitava enquanto nos preparávamos para o Natal. Presentes embrulhados, *cookies* prontos, gemada consumida e a alegria da festa no ar.

Momentos assim em família são lembrados por muito tempo.

Passar tempo junto é importante.

Algumas coisas você simplesmente não pode perder.

E eu perdi.

Trabalhando como estagiário em uma grande empresa financeira em St. Louis, passei a véspera de Natal organizando papéis sob luzes fluorescentes. Minha produtividade sofreu muito naquele dia. Em um transe lamentoso, eu olhava pela janela, via a neve caindo, e desejava estar com a minha família.

Mas pequenas angústias podem ser maravilhosas professoras e servir de motivação.

Enquanto estava sentado em meu cubículo, determinei que aquela seria a última véspera de Natal em que eu *teria* de trabalhar. Sem saber que outro emprego poderia ter em que fosse dono do meu tempo, abri meu próprio negócio. Considerei a possibilidade de um lava-rápido ou de uma cafeteria, mas, com o tempo, acabei me tornando um construtor do mercado imobiliário.

Para um garoto que nunca havia nem mesmo pintado o próprio quarto, segurado ferramentas nas mãos ou coordenado um projeto importante, essa foi uma escolha peculiar. Uma escolha estranha para um cara sem dedos. Mas parecia divertido e fácil na televisão.

Então, comprei algumas ferramentas e trabalhei com um amigo que tinha acabado de começar a carreira como agente imobiliário. Juntos, tínhamos três semanas de experiência, e começamos a buscar algo que nos fixasse no mercado.

Em questão de semanas, compramos um imóvel de cento e trinta anos, no coração de uma vizinhança histórica. Estávamos animadíssimos. Ia ser fácil, rentável e divertido. Eu podia ser meu próprio chefe, contratar amigos, controlar o meu tempo e ir a jogos de beisebol durante o dia. Eu poderia viver esse sonho. O que poderia dar errado?

Tudo.

Foi uma bagunça.

Lembro-me do meu primeiro dia no trabalho. Uma das saídas elétricas não estava funcionando, então presumi que houvesse algum problema de fiação no porão. Depois de, finalmente, encontrar a chave para destrancar o porão, abri a porta e me deparei com a escuridão e um cheiro horrível. Sem lâmpadas funcionando, peguei uma lanterna e fui pé ante pé descendo os degraus, que estavam em péssimo estado.

Lembra de quando você era criança e o porão era um lugar assustador? Lembra de como você ficava assustado e não queria descer lá? Quer dizer, quem sabe o que realmente há num porão?

Sim, foi exatamente assim que me senti naquele dia.

Reuni toda a minha coragem e segui em frente. Apontei a luz para o fim da escada e vi três pombos mortos – três malditos pássaros mortos. Não ia parar por conta de pássaros mortos. Passei por eles, cheguei ao final da escada e pisei no solo. Foi quando percebi que, de alguma forma, eu deixara passar algo na visita inicial: o porão da casa era imundo.

Talvez isso fosse um sinal.

Se fosse, eu o havia ignorado.

Depois de passar pelos pássaros, cheguei ao quadro de eletricidade, liguei os disjuntores e voltei ao trabalho.

E cada dia trazia novos desafios. Desafios maiores.

O encanamento estava corroído. A parte elétrica e o sistema de ventilação e de condicionamento de ar precisavam ser completamente refeitos. Os pisos de madeira, que inicialmente haviam me atraído, estavam tão danificados depois de anos de maus-tratos, que não havia como salvá-los. O telhado tinha goteiras e havia muitas telhas soltas nas paredes externas.

Apesar de termos trabalhado loucamente por alguns meses, os progressos eram lentos. Eu precisava de um pouco de motivação e de conselhos grátis; então, pedi a um amigo da igreja que *realmente* era um construtor que nos fizesse uma visita.

Dick chegou. Ao ver seu carro parando na frente da casa, fui para a entrada, abri a porta, fiz pose de Superman e preparei-me para mostrar-lhe o meu lindo imóvel.

Ele abriu a porta do carro, saiu, deu uma olhada e me disse:

– Meu Deus, John. Você pode devolver?

Acho que ele não ficou bem impressionado.

Os dias eram longos e quentes. O verão estava abafado e não havia ar-condicionado. Minhas mãos estavam em carne viva, por não estar acostumado a esse tipo de trabalho. Meus tornozelos e pés estavam tão feridos pelas botas que roçavam contra minhas cicatrizes, que eu precisava envolvê-los em bandagens todos os dias.

A construção caminhava lentamente.

As contas e o prazo para a realização do projeto estavam assustadoramente errados.

Quando o projeto se aproximava da conclusão, contratei um advogado para transformar os apartamentos em unidades legalmente vendáveis. Foi caro. Foi exaustivo.

E, por fim, foi um completo fracasso.

As unidades não foram vendidas. Não pelo preço que esperávamos. Não quando baixamos o preço em dez por cento. Nem quando baixamos o preço em vinte por cento. Nada funcionava.

Naturalmente, precisei contratar um advogado mais uma vez, para converter as unidades novamente em apartamentos para locação. A funcionária da prefeitura disse que nunca ouvira falar de alguém que tivesse feito isso.

Pois é, nem eu, minha senhora.

Aprendi muito sobre como não fazer dinheiro no mercado imobiliário durante esse período difícil. Foi uma fase que me humilhou, me colocou no chão, eu quase quebrei, mas, no final das contas, me ensinou lições vitais, que me serviriam durante a próxima década de trabalho como construtor.

Muitas vezes, durante essa empreitada, o *Por que eu?* Soou na minha cabeça. *Por que eu? Ao menos uma coisa não poderia dar certo em minha vida?*

Mas, quer saber?

Na época, consegui pegar essa pergunta, a que me levaria para um determinado caminho, e começar a fazê-la de maneira diferente. Nos dias mais duros, longos e quentes em que trabalhava naquele forno de edifício, comecei a perguntar: *Por que eu? Para quê isso está me preparando?*

Veja, gratidão não apenas leva a um coração grato pelo que você tem como garante que você tenha coragem e determinação para superar qualquer adversidade que venha a enfrentar.

Em meu velho e surrado Ford F-250, eu tinha uma frase colada acima do retrovisor:

> Gratidão libera a plenitude da vida. Transforma o que temos em suficiente e mais. Transforma negação em aceitação, caos em ordem, confusão em clareza. Pode transformar uma refeição em um banquete, uma casa em um lar, um estranho em um amigo. Gratidão faz o nosso passado ter sentido, traz paz para o dia de hoje, e cria uma visão para o amanhã.
>
> – Melody Beattie

Foram muitas as manhãs a bordo desse carro em que precisei desse lembrete.

E, desde então, incontáveis vezes me deparei com a verdade contida nessa citação.

Em minha vida com fé, quando as tempestades sopram, quando tenho dúvidas, acho muito libertador olhar para cima, erguer os braços e, em oração, pedir a resposta à pergunta *Por que eu?*

A pergunta, no entanto, não é feita como se eu fosse vítima, mas com a sincera e honesta consciência das inumeráveis bênçãos que já recebi e daquelas que sei, lá no fundo, que estão a caminho.

O INDICADOR NÚMERO UM DA FELICIDADE

Recentemente, tive a oportunidade de falar em um evento sobre liderança para uma de minhas empresas preferidas, a Southwest Airlines. E Brené Brown, uma palestrante de quem gosto muito, também foi convidada para a apresentação. Nos últimos cinco anos, ela tornou-se uma das maiores especialistas do mundo em vulnerabilidade, coragem e como levar uma vida autêntica.

O que mais me impressionou durante sua palestra foi o seguinte: "O indicador de felicidade número um, aquilo que vai determinar se alguém se sente feliz na vida ou não, é a prática da gratidão". E isso não é uma opinião dela. Ela vem estudando o tema há doze anos.

Suas pesquisas mostram que alegria não tem a ver com questões como o que acontece com você, quanto dinheiro tem no banco, como é a sua aparência, os seus filhos ou as férias com as quais pode arcar. Trata, ativamente, de escolher praticar... a gratidão. Como ela escreveu em seu livro *A coragem de ser imperfeito*, "de fato, cada participante que fala sobre a capacidade de manter-se aberto à alegria também fala sobre a importância de praticar a gratidão. Esse padrão de associação é tão geral e prevalente nos dados, que me comprometi, como pesquisadora, a não falar de alegria sem falar de gratidão".

MINHA JORNADA INSPIRADORA

Foto da família O'Leary na primavera de 1980. Da esquerda para a direita: Jim, Amy, Susan, John, pequena Susan, Denny e Cadey.

O dano resultante na garagem da família O'Leary após o incêndio.

O galão de gasolina que explodiu em 17 de janeiro de 1987.

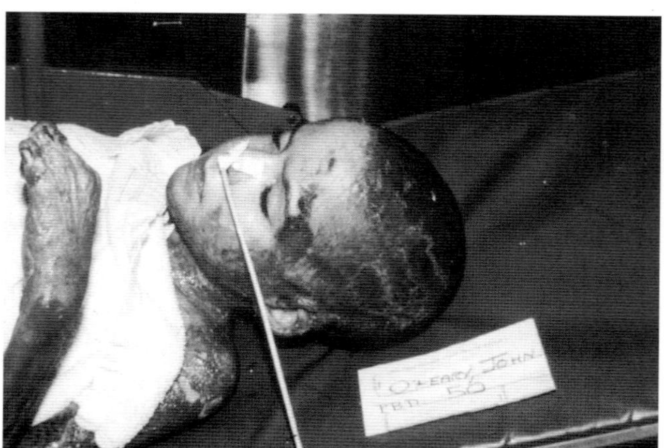

John logo após a explosão, queimado em cem por cento de seu corpo e sem esperança de sobreviver.

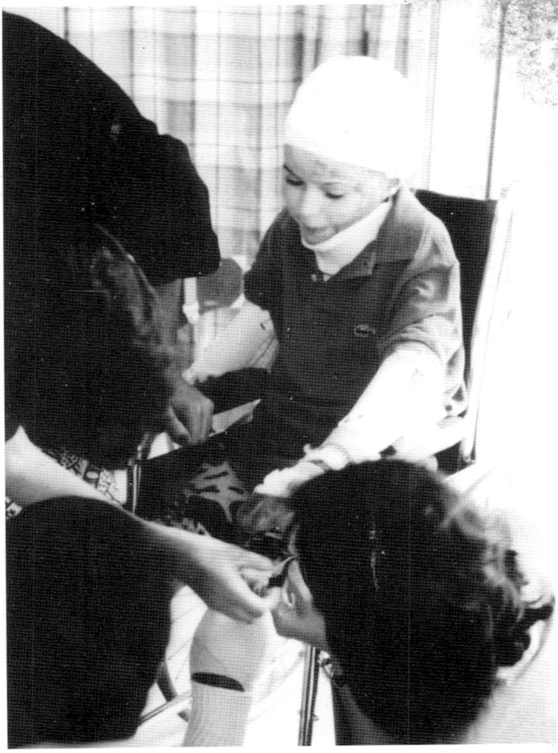

John, no internamento,
recebendo fisioterapia.

John e seu irmão mais velho
Jim, que salvou sua vida, em
férias familiares nas montanhas,
no verão após o incêndio.

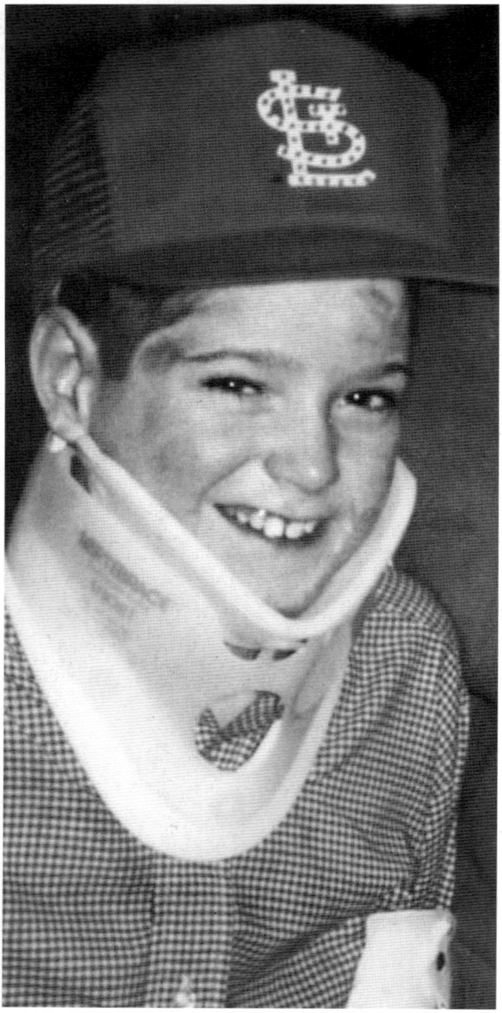

John, com um largo sorriso, celebrando o Dia de John O'Leary, no Busch Stadium.

Jack Buck encorajou John a aprender a escrever de novo, enviando-lhe bolas assinadas por jogadores do St. Louis Cardinals.

John conquistou seu Bacharelado em Ciências de Administração de Empresas-Finanças e em Gestão da Tecnologia da Informação pela Escola de Administração de Empresas John Cook, da Universidade de Saint Louis.

Jack Buck veio à formatura de John.

Quando John se formou na Universidade de Saint Louis, Jack Buck deu-lhe de presente a sua bola de cristal de beisebol do Hall da Fama da MLB.

John casou-se com Beth Hittler em 22 de novembro de 2003.

John, Jim, Susan, Denny, Laura, Cadey, Amy e Susan O'Leary em férias na Flórida, no verão de 2015.

Um cliente de John, Alabama Power, reuniu o enfermeiro Roy e John em 2011.

John fala para mais de cinquenta mil pessoas a cada ano.

John com sua esposa, Beth, e os filhos Jack, Patrick, Henry
e Grace O'Leary, em 2014.

Você não pode ter alegria sem gratidão.

Mas o que mais a surpreendeu em sua pesquisa foi que os principais motivos de gratidão das pessoas residiam nas coisas simples da vida. O som da risada do companheiro, o cheiro do café pela manhã, o ruído das crianças brincando no quintal. As coisas pequenas.

Ao ficarmos esperando pelos grandes momentos – as férias, a aposentadoria, os aniversários –, arriscamo-nos a perder experiências de vida que merecem grande celebração.

Sou grato por agora dar atenção e celebrar as pequenas coisas. Agora entendo que não há momentos "corriqueiros". Tudo é uma dádiva, tudo é um milagre. O hábito começou muitos anos atrás, depois de ter ido visitar o pai de um amigo no hospital. Ele tinha câncer abdominal, e o tumor havia sido tão invasivo que ele não era mais capaz de usar o banheiro.

Já perto do final de nossa visita, ele disse:

– John, se eu for capaz de ir de novo ao banheiro, vou fazer uma festa de arromba. Os pacientes de dois andares abaixo vão me ouvir dançando aqui. Vai ser uma festa! E todo mundo vai ser convidado a festejar comigo!

Escrevo isso quase cinco anos após a conversa ter ocorrido, a última que tive com esse grande homem. Nesses cinco anos, tentei agradecer todos os dias, por tudo.

Pelas coisas boas e ruins.

Pelas coisas grandes e pequenas.

Sim, sempre que vou ao banheiro faço uma dancinha. Isso deixa as pessoas um pouco incomodadas em banheiros públicos, mas também serve como ótimo início de conversa.

Em parte, faço isso para honrá-lo. Mas também porque, depois de ver quem perdeu a capacidade de fazer algo que temos como garantido tantas vezes, você percebe como essas coisas são, na verdade, dádivas.

DERRUBANDO OS MUROS

Poucos anos atrás, fui convidado a falar em uma prisão federal.

Era a minha primeira vez em uma prisão. Não tinha certeza do que esperar.

Estava nervoso.

A ansiedade intensa só aumentava à medida que eu dirigia para lá. Em uma placa na entrada da rodovia, estava escrito: "Não dê carona". Na frente de cada vaga do estacionamento, outra placa: "Deixe tudo no carro. Não entre com nada".

Sem celular, chaves do carro, laptop e carteira, segui até a escada que levava à penitenciária. Uma sirene soou e me abriram passagem para a área de espera. Um guarda me fez entrar, verificou minhas informações e forneceu-me instruções sobre o que fazer caso ocorresse algum tipo de manifestação inesperada entre os homens.

Ele me levou por um corredor curto e escuro, até outra porta de metal.

A sirene soou e ela lentamente se abriu.

Entrei.

Era uma pequena área de reclusão; metal e concreto dos quatro lados e uma câmera de vídeo acima. Como medida de segurança, a porta que dava acesso ao presídio, propriamente, não podia ser aberta antes que a porta que dava acesso ao mundo, aquela pela qual eu acabara de passar, se fechasse.

Meu coração disparou.

Esperei que a próxima porta se abrisse, a que dava para o pátio da prisão.

Eu estava prestes a conhecer presidiários e dar-lhes uma palestra sobre liderança.

Eu e meus sessenta e cinco quilos.

Já falei para grupos de todo o mundo, desde equipes de executivos das empresas relacionadas na *Fortune 500* a encontros de vendas de mais de quinze mil agentes de seguros. Todavia, nunca estive tão nervoso como naquela tarde.

Por fim, a última porta grande de metal se abriu.

Dei um passo para a frente. A porta se fechou atrás de mim. Um senhor me cumprimentou, apertou a minha mão e me conduziu bruscamente.

A área comum era muito barulhenta. Parecia o barulho de um parque, com risadas e conversas. Dezenas de homens à minha esquerda estavam na quadra jogando basquete, na pista de atletismo, fazendo algum trabalho, jogando xadrez ou simplesmente observando, de braços cruzados.

Passamos por eles e chegamos a uma porta em que se via um número *oito* e entramos em uma grande capela. A sala era quente e pouco iluminada, com apenas um ventilador ligado.

Na sala, estavam sentados sessenta homens vestidos com seus macacões laranja.

Não houve uma apresentação oficial. Disseram-me que, quando estivesse pronto, poderia começar.

Organizei meus pensamentos, orei, passei os olhos pela sala. E comecei a falar. Percebi que deveria começar com a verdade. Compartilhei com eles como havia me sentido ao parar o carro, ver as placas, andar pelo sol do verão até a entrada. Disse que havia ficado apavorado enquanto esperava que a última porta se abrisse e eu pudesse entrar. Disse, também, que tinha tido dúvidas quanto a ir até lá.

E também lhes contei que aquela sala não era um lugar no qual eu gostaria de estar.

Passamos três horas juntos. Compartilhei lições que me permitiram aguentar os meses em que estive trancado em um quarto de hospital, e a liberdade que tais lições me trouxeram naquele momento – e ainda hoje – de viver além das limitações das paredes que nos cercam. Compartilhamos histórias, discutimos sobre superação de desafios e possíveis estratégias para encontrar significado, esperança e perdão, mesmo estando encarcerado.

Já perto do final da sessão, o valor da gratidão veio à tona. Havia um antigo piano na capela. Sentei-me ao piano e comecei a tocar "Amazing Grace". As pessoas sempre se surpreendem que, mesmo sem dedos, eu possa tocar piano. Gosto de tocar à noite, para relaxar, mas às vezes toco em apresentações, para incentivar as pessoas. Naquele dia, achei que a música tranquila poderia ajudar a colocar aqueles homens em um estado mental mais reflexivo.

Pensei na conversa que havia tido com meu pai poucas semanas antes, e decidi usar a mesma técnica.

– Quero que pensem em três coisas pelas quais são gratos; mais especificamente, em coisas que são gratos por causa de seu tempo na prisão.

Ouvi risinhos e cochichos pela sala. Nada de mais. Eu sabia que poderia ser um exercício duro.

Ignorei.

Segui ao piano.

Minutos depois, parei de tocar, levantei-me e perguntei.

– Quem quer compartilhar o que pensou?

Cabeças se abaixaram.

Ninguém disse uma palavra.

O silêncio era absoluto.

Finalmente, ouvi alguém limpar a garganta.

Ele ergueu o braço.

Eu o agradeci e acenei com a cabeça para que prosseguisse.

Ele se levantou.

Olhou para os companheiros na sala. Olhou para mim. E disse:

– Não há uma maldita coisa.

E se sentou.

A sala eclodiu em uma gargalhada.

A pergunta *Por que eu?* começou a dançar em minha mente.

Eu o agradeci pela contribuição e perguntei se alguém tinha outra coisa em sua lista.

Mais silêncio.

Por fim, uma das cadeiras dobráveis raspou o chão de cerâmica.

Um homem, ao fundo da sala, levantou-se.

– Bem, senhor – sua voz era clara e forte, e ele olhava para o chão, seu grosso e ruivo bigode cobria sua boca enquanto ele falava. – Eu gostaria de compartilhar. Vamos lá...

O homem olhou para a lista que tinha feito e começou a compartilhar.

E compartilhar.

Ele relacionou trinta e uma coisas pelas quais era grato.

Calefação no inverno. Ar-condicionado no verão. Biblioteca. Cama quente. Serviço de lavanderia. Chance de redenção. Novos amigos. Deixar para trás circunstâncias antigas. Três refeições diárias. Uma cama. Um travesseiro. Um cobertor. Vida.

E voltou a se sentar.

Ninguém se movia. Por um momento, a sala ficou em silêncio.

Então, a capela eclodiu em aplausos.

Foi absolutamente mágico.

Quando o primeiro homem se sentou, todos riram.

Quando esse senhor se sentou, os outros se levantaram e o ovacionaram.

As mesmas paredes.

O mesmo macacão laranja.

As mesmas refeições.

A mesma experiência.

A mesma pergunta.

Mas mudar a forma como você se faz a pergunta transforma a resposta, altera a sua experiência diária, eleva a sua vida e inspira os outros.

"A ESCOLHA É SUA"

Apenas alguns dias antes de receber alta do hospital, bateram à porta.

Era o dr. Ayvazian.

Ele me recebera na sala de emergências meses antes. E ficara comigo durante os cinco meses, as duas dúzias de cirurgias e os procedimentos diários. Além de meus pais, ele era a outra pessoa que eu via diariamente durante minha estada no hospital.

Por mais que ainda estivesse bravo por ele ter amputado os meus dedos, eu amava o dr. Ayvazian.

Ele era baixo, usava óculos, estava sempre sorrindo, tinha olhos brilhantes e falava comigo como se entendesse pelo que eu estava passando.

E entendia.

Veja, quando criança, ele tinha passado por um incêndio. Tinha muitas cicatrizes nas pernas. Como sempre usava terno preto, nunca as vi, mas não é preciso ver as cicatrizes das pessoas para saber que elas foram queimadas. Você pode ver isso em seus olhos. Pode ouvir em sua voz. Pode sentir na compaixão que têm. Esse homem entendia. Ele era incrivelmente empático, amigável e um cirurgião reconhecido. Terminava todas as visitas dizendo:

– Até logo por ora, meu pequeno companheiro.

Eu nunca disse a ele nem a qualquer outra pessoa, mas, quando pequeno, eu não tinha a menor ideia do que significava "companheiro". Só tinha ouvido a palavra em filmes. E, geralmente, quem dizia isso era russo. *"Pequeno companheiro", hã? Isso é bom ou ruim?*

Naquela visita, uma semana antes de eu ir para casa, ele entrou no meu quarto no meio da tarde. Desligou a televisão, sentou-se na cama e sorriu para mim.

– John – seus olhos brilhavam de emoção –, sua recuperação é um milagre. Nunca vi algo assim em toda a minha carreira. Fico muito feliz que tenha tido o apoio de amigos e familiares, e as muitas preces que o fizeram chegar até esse dia. – Ele fez uma pausa. – Mas, por mais difícil que tenham sido esses quatro meses, a jornada daqui para a frente continuará sendo desafiadora.

Concordei, com a cabeça. Sabia que o que ele tinha a dizer era importante. Mesmo sendo criança, eu sabia. E também sabia que estava ali porque conhecia o caminho.

Ele limpou a garganta.

– John, você sabe que ainda pode fazer basicamente o que quiser de sua vida? Talvez não seja um repórter da corte, mas pode ser advogado ou juiz. Pode não conseguir mais jogar beisebol, mas pode dirigir um time. Pode não conseguir ser marceneiro, mas pode ser um construtor e fazer coisas incríveis. John, se quiser casar e ter filhos e ter uma vida incrível, você pode! Você é um garotinho notável; continua podendo viver uma vida incrível. Você superou algo terrível, mas o melhor está por vir. Da maneira como eu vejo, você pode ser uma vítima dessa tragédia ou pode se erguer e ser um vitorioso. A escolha é sua.

Outra vez, concordei.

Ele curvou-se e me deu um beijo na testa.

Levantou-se, afastou-se da cama, abriu a porta para sair do quarto e virou-se para mim:

– Até logo por ora, meu pequeno companheiro.

Suas palavras e aquela visita seguiram comigo por cerca de trinta anos. Sei que ele era um homem ocupado. Poderia ter me tirado da sua lista. Eu já recebera alta, seu trabalho estava encerrado.

Mas ele queria mais. Queria deixar claro que eu poderia escolher olhar para o que não mais poderia fazer ou ver as oportunidades que continuavam disponíveis.

Sem pessoas que nos mostrem o que é possível, podemos nos esquecer do poder que temos de viver uma vida incrível.

Esse homem era um excelente líder para a sua equipe. Ele trabalhava constantemente para a minha recuperação. Era extremamente dedicado a todos os pacientes. E também se importava o suficiente para garantir que não apenas saíssemos do hospital, mas que, um dia, pudéssemos voltar a viver a vida de verdade.

Escolher ser vencedor significa olhar imediatamente para o que temos, e não para o que nos falta. Com gratidão, liberamos vitalidade, longevidade e otimismo. Escapamos das correntes que nos prendem e das paredes que nos aprisionam, e entramos em uma vida que está reluzente, e na qual estamos em festa.

O tipo de festa que pacientes dois andares abaixo escutam.

O tipo de festa que incita uma ovação dos companheiros.

O tipo de festa que dá origem a uma vida radicalmente inspirada.

Vamos começar a dançar.

Vítima *versus* Vencedor

A vida não é para esperar a tempestade passar, é para aprender a dançar na chuva.
– Vivian Greene

Por que eu?

Uma pergunta simples.

Com consequências profundas e importantes.

Tempestades sempre surgirão. Como vítimas, olhamos para o céu, erguemos as mãos em desespero e choramos. "Por que eu?" Percebemos claramente que a nossa vida é uma batalha, que os outros são maus, que não há esperança, e que os piores dias ainda estão por vir.

Ou escolhemos o caminho contrário.

No meio da mesma tempestade, podemos escolher ser vencedores. Reconhecer que a doença é uma bênção, que paredes não podem nos limitar espiritualmente, que o fogo refinou e fortaleceu a nossa personalidade, e que dias melhores estão diante de nós. Erguemos as mãos, sentimos a chuva em nosso rosto, e dançamos. "Por que eu?" Sabemos que isso está nos levando a algum lugar. Sabemos que a tempestade não é o fim. Estamos apenas esperando o primeiro raio de sol.

Por que eu?

A maneira como nos fazemos essa pergunta muda tudo o que acontece depois.

Escolha bem.

Escolha ser um vencedor.

Não importa quão ruim a vida pareça,
se houver vida, há esperança.

– Stephen Hawking

5

Você sabe dizer sim?

O conforto é popular, mas é a coragem que muda vidas.

Lá vem ele de novo.

Ele está aqui desde que cheguei. É o responsável por trocar meus curativos. É o cara que me tira da cama, me coloca na maca e me leva pelo corredor até a banheira e depois me traz de volta.

É um cara bem grande. Parece o Apollo Creed. Sabe, aquele que luta contra o Rocky? Então, quando ele não está lutando contra Rocky, está trabalhando aqui. Eu o chamo de Grande Roy.

Ele era o meu enfermeiro preferido.

Era ele que eu costumava chamar, porque era muito gentil. Era o melhor para me tirar da cama com delicadeza, me colocar na banheira e, cuidadosamente, me acomodar.

Ele costumava ser o melhor.

Mas agora é o pior.

Ele mudou.

Não sei bem o porquê.

Nos últimos dias, continuou vindo até o meu quarto, mas não me coloca mais na maca.

Em vez disso, ele vem, desata as cintas que me prendem à cama, me ergue e me segura em pé, e tenta fazer com que eu caminhe até a sala de curativos.

Minhas pernas bambeiam entrelaçadas com as dele.

Será que não sabe que eu não posso caminhar? Não sabe que as minhas pernas não funcionam?

Meus pés nem tocam o chão.

Mas meus pés e pernas tremem como vara verde. Todo o sangue desce. Isso provoca uma enorme queimação nas minhas pernas. Digo-lhe que me coloque deitado. Digo que dói. Peço que pare.

Em vez de me escutar, ele fica bravo comigo.

Minhas pernas se arrastam pelo chão entre as dele, e ele me diz:

– Garoto, você vai voltar a andar. Melhor se acostumar com a ideia. Vamos, eu vou andar com você.

Sério. Dá pra acreditar?

Quer dizer, o que ele pensa?

Minhas pernas continuam envolvidas em curativos. E o que está por baixo dos curativos ainda está muito ruim.

Não posso dobrar as pernas. Não posso apoiar o peso sobre os meus pés. Não tenho músculos.

Não vou voltar a andar.

E estou em paz com isso.

Mamãe e papai vão cuidar de mim. Minhas irmãs também vão me ajudar.

Não preciso andar de novo. Ou voltar a fazer qualquer coisa. Vou ficar bem exatamente como estou.

E agora ele está no meu quarto mais uma vez.

Solta o meu braço direito. Depois o esquerdo.

Solta a perna esquerda. Depois a direita.

Delicadamente, levanta-me, leva-me para fora do quarto, e faz tudo de novo.

Abaixa as minhas pernas até o chão. Meus pés mal tocam o solo. Ele me abraça. E começa a movimentar-me a caminho da sala de curativos. Minhas pernas balançam, sem vida, entre as dele.

E, então, ele começa a falar comigo:

– Garoto, escuta uma coisa: você vai voltar a andar. É bom se acostumar com isso. Vamos, mexa essas pernas. Assim. Vamos, garoto. Estou aqui com você.

Tento ignorá-lo e tento também ignorar a dor que ele está me causando.

Olho para o chão.

Que seja, Roy.

Eu não vou voltar a andar.

Uma antiga caminhonete parou na rua.

Eu esperava por esse momento, por essa caminhonete, e pelo homem que a dirigia. Eu observava a partir de uma cadeira no hall de entrada, enquanto um senhor saía do veículo. Ele fechou a porta, deu a volta e começou a se aproximar da casa.

Estávamos no inverno, quase um ano depois de eu ter me queimado. Embora eu já não usasse mais a cadeira de rodas, meu corpo estava curvado para a frente, meus braços estavam rígidos a noventa graus, talas ainda adornavam braços, pescoço e pernas e eu mancava acentuadamente. A contínua fisioterapia era dolorosa e o resultado, lento. Claro, eu andava, mas não como todo mundo. Agora que estava fora do hospital, eu queria desesperadamente voltar a ser uma criança normal. Correr. Jogar beisebol. Basquete. Sair com outras crianças. Estava demorando muito e eu estava desmotivado.

Então, um senhor ligou para os meus pais. Ele tinha ficado sabendo da minha história e queria me visitar. Queria dar um passeio comigo. Só nós dois.

E era só o que eu sabia quando abri a porta para ele. Apresentamo-nos no hall de entrada e meus pais disseram para aproveitarmos o passeio. E saímos. Andávamos de um jeito parecido, ele por conta da idade, eu por conta das cicatrizes que tinha por todo o corpo.

E o senhor me contou sua história.

Seu nome era Glenn Cunningham.

Ele perguntou se eu sabia alguma coisa sobre ele.

Neguei com a cabeça.

Então ele me contou um pouco.

Na juventude, tinha sido o atleta dos norte-americanos. Em determinado momento, fora detentor do recorde na corrida de uma milha. E, como corredor olímpico, ganhou medalha de prata nos Jogos Olímpicos de 1936.

Então, parou e virou-se para mim.

– Mas sabe de uma coisa? Você e eu não somos tão diferentes, John. Quando eu era um garotinho, também sofri queimaduras em um incêndio. Eu e meu irmão mais velho estávamos tentando acender o aquecedor da escola. Estava frio e fomos os primeiros a chegar naquele dia. Queríamos que o aquecedor estivesse aceso para que a sala ficasse quentinha quando todos chegassem para a aula. John, não tínhamos a menor ideia de que, na noite anterior, haviam trocado o querosene por gasolina. Não é uma boa ideia, não é mesmo, John?

Neguei com a cabeça.

– Não, senhor. Não mesmo.

– John, naquela manhã, naquela escola, ao lado do aquecedor, o incêndio começou. Tudo estava pegando fogo. Toda a sala simplesmente... foi tomada por chamas.

Ele parou e olhou para mim.

– Meu irmão mais velho, Floyd, era o meu melhor amigo. Era parte de todas as memórias de infância que eu tinha, e estava comigo naquela manhã. Ele morreu nove dias depois do incêndio.

Sete décadas depois, a dor dessa perda seguia clara na voz de Glenn. O sofrimento era visível em seus olhos. O tempo não havia curado essas feridas.

– John, eu fiquei todo queimado. Mesmo assim, estava grato por seguir vivo. A dor era tão intensa que, às vezes, eu queria morrer. Você sabe a que me refiro?

Não respondi imediatamente. Demos mais alguns passos. Depois, olhei para ele, e respondi em voz baixa:

– Sim, eu sei.

Continuamos lentamente nossa caminhada pela calçada.

– Todo o meu corpo sofreu queimaduras, minhas pernas foram as mais atingidas. O médico queria amputá-las, por conta da gravidade das queimaduras. Se sofressem alguma infecção, certamente eu morreria. Por sorte, minha mãe implorou para que tentasse salvá-las; prometeu que trocaria os curativos todos os dias, desde que eu tivesse a chance de andar novamente.

Ele fez mais uma pausa.

– Demorou muito, John. Demorou muito tempo para eu sair da cama. Demorou muito tempo até eu poder ficar em pé, até eu poder andar, até eu poder pensar em correr.

– Como fez isso?

– A princípio, minha mãe me levava para fora de casa e me colocava de pé ao lado da cerca que havia em nossa propriedade. E eu me segurava ali até cair. Levantava, ficava mais um tempo em pé, e caía outra vez. Então, ela me levava de volta para dentro de casa. Depois de um tempo, eu conseguia sair de casa sozinho, mancando. Ia até a cerca, me segurava com as duas mãos e, lentamente, ia caminhando por sua extensão, passo a passo. Com o tempo, passei a conseguir me segurar apenas com uma mão. Depois, sem as mãos! Comecei a caminhar ao lado da cerca, depois a trotar, e depois a correr. Fui ficando rápido. Podia ir mais longe. Comecei a participar de corridas. Não achei que fosse chegar às Olimpíadas. Eu só sabia que não ia passar a vida sentado. Então, me levantei. Coloquei um pé na frente do outro. E nunca olhei para trás ou desisti.

Nem naquela fazenda. Nem na universidade. Nem nas Olimpíadas de Berlim.

Glenn virou-se para mim e abaixou-se, desajeitado, para poder me olhar nos olhos. Sua voz era forte e determinada.

– John, não vim até aqui para falar de mim. Estou aqui porque acredito em você. Fiquei sabendo de tudo pelo que você passou, e sei pelo que está passando agora. É uma luta. Uma batalha diária. Mas pense em como já chegou longe desde o primeiro dia no hospital. As pessoas não achavam que você sobreviveria até o dia seguinte, e aqui está você, provando que estavam todos errados!

Concordei.

– Você já chegou tão longe, John. E está apenas no começo. Apenas se imagine fazendo o que desejar fazer. Visualize. Não se satisfaça com a mediocridade. Você será capaz de fazer o que quiser. Estabeleça metas altas e espere conquistas importantes. Não desista quando ficar difícil. Nunca desista de seus sonhos. Essa é a chave: nunca desista.

Caminhamos de volta para a minha casa, com Glenn fazendo perguntas e me motivando.

Eu precisava de Glenn naquele momento. Precisava conhecer alguém que tivesse trilhado o mesmo caminho. Sendo um menino de dez anos, passear com um medalhista olímpico, também ele sobrevivente de um incêndio, transformara os meus sentimentos em relação à minha situação atual. Foi a primeira vez que, de fato, acreditei que, se ele podia, eu também podia.

Quando chegou a hora de partir, acompanhei Glenn da varanda até sua caminhonete vermelha. Foi preciso tentar algumas vezes, mas o motor acabou funcionando. Ele baixou a janela, colocou a cabeça para fora, acenou e gritou, à medida que saía:

– John, nunca desista!

Foi uma conversa incrível.

Mudou a minha vida.

E quase não aconteceu.

Apenas duas semanas depois de Glenn ir à minha casa, ele morreu na casa dele, em Arkansas. Ele tinha setenta e oito anos. Um homem que havia passado a vida superando dificuldades e generosamente investindo nos outros, tinha dado um último presente, um lampejo de esperança para um garotinho continuar aprendendo a andar.

A visita de Glenn aconteceu mais de um ano depois de a voz do enfermeiro Roy ter me provocado para que eu começasse a andar. Sua forte voz ecoava em meus ouvidos e fazia pulsar esperança em meu coração. "Garoto, você vai andar de novo. Eu ando com você."

As visitas de Roy também eram necessárias. Por mais que eu tenha passado a detestá-lo no começo, sem acreditar que aquilo fosse possível, e por mais que odiasse a dor daquelas caminhadas até a banheira, um dia, tudo mudou. Um dia, quando caminhávamos de volta da troca de curativos, eu acreditei. Um dia, eu comprei a ideia que ele estava me vendendo. *Talvez, apenas talvez, seja assim. E eu ande de novo.*

Às vezes, precisamos que os outros andem com a gente, que imaginem o que é possível em nossa vida.

Eu não seria quem eu sou sem Glenn e Roy. Esses dois homens me encontraram onde eu estava, mas recusaram-se a deixar que eu baixasse os olhos diante dos desafios presentes. Impulsionaram-me para a frente, direcionaram-me para onde eu poderia chegar. Tiveram uma visão ousada e poderosa. Acreditaram antes que eu pudesse acreditar.

Esses dois homens me ensinaram algo transformador.

Mostraram-me o poder de olhar para a frente.

APRENDENDO A VOAR

Eu adoro chegar em casa do trabalho.

Algumas semanas atrás, enquanto estacionava o carro, três dos meus filhos vieram me receber – Jack, Patrick e Grace. Dei muitos abraços, brincamos um pouco e entrei para encontrar Henry e a minha esposa.

Beth estava preparando o jantar. Beijamo-nos, conversamos um pouco sobre o dia que tínhamos tido e sobre a noite por vir. Ela, então, pediu-me para chamar as crianças para jantar. Ainda sem ter visto Henry, fui até o hall e chamei seu nome. Nada.

Ele só tinha quatro anos, então comecei a ficar um pouco preocupado.

Subi as escadas chamando por ele.

Ainda sem resposta.

Cheguei ao topo da escada, na sala da família, que fica logo acima do quintal. O cômodo tem janela em três laterais e uma bela vista panorâmica. E, naquela noite, em cima de um dos sofás, com a testa apoiada contra a janela, estava um garotinho usando uma máscara de Tartaruga Ninja e uma capa de Super-Homem, com uma espada de luz na mão direita.

Ele virou-se, ameaçador, e apontou a espada de luz para mim.

Na semana anterior, havíamos ido ao hospital, e esse garotinho havia levado pontos. Eram cortes profundos na mão e na barriga. Nesses últimos anos, já conhecíamos muito bem as enfermeiras da emergência. Sem querer visitar nossas amigas de novo, eu disse:

– Henry, solte a espada e desça do sofá! Se você cair pela janela vai descobrir rapidamente que não pode voar. Desça, Hen!

Ele desceu e veio correndo até mim, atacando-me com golpes de karatê e abraços. Seu amor me acalmou e tranquilizou meu coração, recordando-me de que não demoraria muito para ele realmente acreditar nas palavras que eu acabara de dizer.

Não demoraria para ele baixar a espada de luz e nunca mais usá-la. Para ele pensar que *não existe essa coisa de super-herói*.

Não demoraria para ele tirar a capa, descer do sofá, ir para o quarto e deixar a capa em um canto do armário e pensar: *Isso é só fantasia, coisa de criança.*

Em outras palavras, não demoraria até a intensa criatividade e esperança a cada momento deixar de estar presente nele. Logo, ele seria como cada um de nós. Usando camisa. Pé ante pé. Uma vida como a de todos nós. Acreditando que uma vida realmente excitante, repleta de alegria, em que tudo seja possível, é algo irreal.

Como pai, eu só queria manter Henry a salvo. Mas quando tentamos nos manter a salvo, quando lutamos para ficar confortáveis, perdemos grandes oportunidades na vida.

Todos enfrentamos momentos em que preferimos ficar onde estamos. Em que estamos muito feridos, ou em que é tarde demais ou temos muito medo. Essas desculpas surgem porque fomos treinados para manter os olhos baixos, olhando para o chão, garantindo que não vamos tropeçar. *Precisamos estar seguros*, pensamos. *Olhar para baixo é mais prático. Não quero passar vergonha. Não quero cair.*

Mas, quando estamos olhando para baixo, vemos o local no qual estamos e não podemos olhar para a frente, para onde podemos ir. Perdemos a beleza do que é possível. E, certamente, não conseguimos ver o caminho para chegar até ali.

Precisamos retornar ao estado em que a mente sussurra para nós: "Tudo é possível!". Precisamos de coragem para abrir a gaveta em que guardamos a nossa capa e tirá-la de lá. Sabe, aquela capa que você costumava usar quando era pequeno, quando a vida era cheia de potencial ilimitado. Precisamos encontrar a coragem de vestir de novo essa capa. De olhar para o horizonte. De subir de novo no sofá. E de ousar voar.

É o momento de ousar outra vez.

Pode ser doloroso.

Mas vale muito a pena.

LIÇÕES DA SALA DAS VASSOURAS

Por cinco meses, fiquei preso a uma cama de hospital.

Durante os meses em que estive lutando para sobreviver ao incêndio, meus músculos se atrofiaram e fiquei sem massa muscular. Além disso, a pele enxertada em todo o meu corpo estava salvando a minha vida, mas também apresentava um outro desafio. Os enxertos de pele do tamanho de selos do correio retirados de meu couro cabeludo eram estrategicamente posicionados em locais em que a pele tinha sido completamente queimada. Esse novo crescimento de pele enfrentava outra barreira: a cicatrização. As cicatrizes começaram a enrijecer minhas articulações. Por isso, meu corpo ficava preso à cama como um x, com braços e pernas completamente estendidos. Se a pele se contraísse, isso significaria mobilidade limitada ou um lento encolhimento para a posição fetal.

Para evitar isso, eu precisava alongar. Precisava de fisioterapia.

Todos os dias, Maureen e Brenda iam ao meu quarto, soltavam-me da cama, liberavam-me das máquinas e colocavam-me em uma cadeira de rodas. Levavam-me para fora do quarto, para fora da unidade de queimados, seguindo pelo corredor, pelos elevadores. Apertavam o botão que indicava *s* e íamos para o subsolo. Isso nunca era um bom sinal.

Levavam-me para uma grande sala de fisioterapia, gentilmente me levantavam e me colocavam sobre um colchonete amarelo. Rodeado por diversos outros pacientes, elas começavam a alongar lentamente todas as juntas do meu corpo. Em geral, começavam pelos tornozelos e dedos dos pés. O objetivo era devolver o máximo possível de movimento às minhas juntas.

Elas trabalhavam em cada junta por alguns minutos.

Paravam um pouco.

Alongavam no sentido contrário.

Outra pausa.

E passavam para a próxima junta. E depois para outra. Tornozelos. Quadris. Braços. Pernas. O corpo todo.

Então, me viravam e começavam tudo de novo.

Era uma tortura.

Depois de quarenta e cinco minutos, chegava o momento de um intervalo. Elas levantavam o meu corpo inerte do colchonete e me colocavam de volta na cadeira de rodas. Elas seguiam por um corredor, faziam uma curva à esquerda, abriam uma porta e me empurravam para dentro. A sala tinha muitas vassouras e baldes, além de produtos de limpeza em geral.

Era o armário de vassouras da zeladoria.

Elas estavam prestes a começar a parte mais dura da minha terapia: dobrar os meus joelhos. Se um dia eu fosse andar de novo, meus joelhos precisariam dobrar-se. No momento, estavam travados em uma posição.

Essas fisioterapeutas me levavam à sala de vassouras por respeito a mim (e aos outros pacientes). Elas queriam que eu pudesse chorar de dor. E não queriam assustar ninguém.

Tínhamos uma rotina. Maureen se aproximava de mim e colocava uma toalha em minha boca para eu ter algo para morder. Ela travava a cadeira de rodas e segurava os meus quadris. Então, a outra fisioterapeuta, Brenda, vinha na minha direção, se curvava, e começava a trabalhar nos meus joelhos.

Eu tive hérnias, ossos quebrados, queimaduras, trocas de curativos, abcessos infeccionados e celulite. Tive dedos amputados, juntas alongadas, sangue retirado dos dedos dos pés e enxertos de pele extraída do couro cabeludo. Passei por quase todo tipo de dor física, exceto a do parto – minha esposa diz que, se eu quiser um quinto filho, só se eu parir. Entretanto, essa terapia foi a experiência de dor mais aguda da minha vida.

Essas fisioterapeutas estavam esticando pele que havia nascido retesada; não era flexível. Estavam alongando juntas que tinham começado a se enrijecer permanentemente em determinada posição. Estavam alongando um garotinho que, apesar da toalha na boca, chorava e gritava e implorava para que parassem.

Lembro-me de olhar para elas através das minhas lágrimas. Lembro de ver minha dor refletida no rosto delas. Lembro de ver lágrimas no rosto delas. E lembro de pensar: *Por que você está chorando? Sou eu que estou sendo torturado!*

Oh, como essas fisioterapeutas foram incríveis para a minha recuperação.

Hoje vivo uma vida incrivelmente ativa, e muitos indivíduos merecem crédito por isso. Mas ninguém mais que as fisioterapeutas, no subsolo, na sala das vassouras, alongando – e sofrendo sua angústia pessoal ao ver aquele garotinho sofrendo – para poderem me livrar das cicatrizes que me aprisionavam.

Isso me faz pensar nelas décadas emocionais depois.

Como fizeram isso?

Por que não escolheram o caminho mais fácil?

Por que não pararam quando o garotinho disse "Ai!"?

Essas fisioterapeutas sabiam que o alongamento nunca é fácil. É indesejado. É doloroso. É difícil para todas as partes envolvidas e em todos os aspectos da vida. Não é agradável ser alongado e não é agradável alongar os outros. No entanto, a dor do hoje revela a possibilidade do amanhã.

Alongar leva ao crescimento.

E o crescimento costuma ser doloroso.

Mas "o crescimento é a única evidência da vida".

John Henry Newman foi um sábio teólogo, incrível pensador e grande escritor. Essa é uma de suas mais notáveis citações. Pense a respeito. O crescimento trata de novos começos, de diferentes direções, de relacionamentos que surgem, de grandes mudanças, daquele novo cargo, de uma conversa importante, daquele empreendimento ousado, do próximo capítulo da sua vida.

O crescimento é a única evidência da vida.

O oposto também é real. A estagnação é o primeiro passo para a morte.

Você está pronto para o número cinco?

A quinta escolha que você precisa fazer para viver uma vida radicalmente inspirada é a seguinte: recusar-se a tornar-se estagnado, por meio do crescimento proposital e do alongamento intencional em todas as áreas da vida.

Quando um casal para de namorar, para de se procurar, para de escolher o amor de verdade, para de escolher crescer junto, para de se perdoar continuamente, esse casal começa a morrer. Eles não deixam de se amar. Eles deixam de crescer no amor.

Quando uma empresa para de inovar, para de fazer as coisas de modo diferente, para de investir em sua equipe, para de sonhar grande, ela para de crescer e começa a morrer.

Quando paramos de prestar atenção à nossa saúde, quando fazemos más escolhas relacionadas com alimentação, vícios ou atividades físicas, estamos escolhendo ficar confortáveis, parar de crescer e, lentamente, retroceder. Essas escolhas nos afastam da saúde e da vitalidade. E, embora as mudanças possam ser lentas demais para serem perceptíveis, elas levam a um caminho de doença e morte.

A morte raramente ocorre da noite para o dia. É um processo lento. As mudanças podem ser sutis, mas não se engane: ao escolher não crescer, escolhemos morrer.

Na cultura de hoje, quando as coisas se tornam desconfortáveis, costumamos entender isso como sinal de que algo está errado.

Mas eu, pessoalmente, sei que precisamos aprender a ver o desconforto de outro jeito. Pode ser um sinal de que algo está *certo*. Pode ser a prova de que estamos crescendo para outro lugar. O pobre garotinho com a toalha na boca teria seguido amarrado à cama, incapaz de andar, não fosse por Brenda e Maureen, pela sala das vassouras.

Não é só aqueles que persistem na fisioterapia que se beneficiam do alongamento. Você tem grandes chances de obter grandes avanços em sua vida quando se sentir desconfortável. Pense em seus melhores professores da escola. Provavelmente, eram dinâmicos, mas é provável que tenha aprendido porque eles faziam você trabalhar. O que vem fácil raramente tem valor. Alongar pode não ser divertido, mas pode ter um aspecto muito mais importante, pode lhe dar a vida.

O verdadeiro crescimento, em geral, não é desejado, é extremamente doloroso, mas vale, e muito, a pena.

SIGA COM SEU CRESCIMENTO

Cara, a vida estava ficando boa.

Sete anos como construtor imobiliário e eu, finalmente, estava aprendendo a fazer aquele trabalho. Podia planejar um projeto, chefiar uma equipe e até ganhar um pouco de dinheiro. Finalmente, estava ficando mais fácil.

Minha equipe estava reconstruindo uma histórica estrutura multifamiliar. As plantas do edifício estavam abertas na caçamba da minha caminhonete. Meu fiel mestre de obras, Harold, e eu estávamos passando os planos e fazendo a lista de materiais necessários para o dia seguinte.

Meu telefone tocou.

Era uma mulher que comandava um grupo de bandeirantes do terceiro ano. Ela e sua filha haviam lido o livro dos meus pais, *Overwhelming Odds*. Ambas ficaram profundamente emocionadas com a história, e ela perguntou se eu estaria disposto a compartilhá-la com suas bandeirantes.

Caminhei para longe de Harold, para a parte traseira do carro.

Houve um longo e incômodo silêncio.

– Você quer dizer que gostaria que eu falasse com as garotas?

– Isso mesmo. Reunimos as garotas depois da escola, tomamos um lanche, você pode falar, e elas devem fazer algumas perguntas. Que tal na quarta-feira?

Mais silêncio.

Agora você já deve saber o que foi aquele momento.

A chamada telefônica foi um ponto de inflexão na minha vida.

Naquele momento, parecia um ponto pequeno, bastava dar uma simples resposta positiva ou negativa ao pedido. Mas, ao seguir lendo, você entenderá como foi algo enorme. Mudou o restante da minha vida.

Na maioria das vezes, eu procuro dizer sim para novas possibilidades. Sim para ajudar. Sim para fazer a diferença. Sim para novas comidas, novas coisas, novas pessoas, novas ideias. Quando você diz sim e vive o sim, grandes possibilidades nem mesmo imaginadas se abrem a cada dia.

Porém, todo o meu ser rogava para que eu dissesse não.

Olhei para os meus pés. Olhei para a sujeira.

Depois, ergui os olhos. Vi meu edifício, as lindas árvores e o brilhante céu azul.

Respirei fundo e murmurei:

– Sim, claro. Eu vou. Parece perfeito.

Combinamos o horário, ela me deu o endereço e terminamos a ligação.

Olhei novamente para o edifício, para o meu carro, para Harold, e disse em voz alta:

– Ai, droga. O que foi que eu acabei de fazer?!

Sim, o livro dos meus pais estava no mercado, mas eu nunca havia contado minha história de verdade para alguém. Nem para os amigos da escola, do colégio ou da universidade. Nem para os caras com quem eu trabalhava todos os dias na obra. Até em casa, minha esposa e eu raramente falávamos sobre o incêndio. Ela havia lido o livro, chorado feito criança, sem poder acreditar em tudo o que tínhamos passado, mas não falamos do assunto. Tinha acontecido no passado. Já tinha acabado. Não nos definia. Nossa vida era boa.

E agora eu precisava descobrir um modo de compartilhar minha história com um grupo de garotas... sem ter a menor ideia de por onde começar.

Felizmente, eu tinha um livro dos tempos da faculdade que tratava de como falar em público. Na Universidade de Saint Louis, tive de assistir aulas sobre o tema para concluir a formação em negócios. A ideia de falar na frente das pessoas me apavorava, então adiei quanto pude essas aulas. Por fim, no segundo semestre do ano final, não tinha mais escapatória. Era agora ou nunca.

O professor chegava à classe impecavelmente vestido. Seu cabelo era tão perfeito, que eu tinha certeza de que ia ao cabeleireiro todos os dias antes das aulas. Ele tinha uma voz profunda e ressonante, que iluminava a sala quando falava. Dizia que apresentações podem educar, inspirar, engajar, motivar e até transformar plateias. Ele podia vender qualquer coisa a qualquer pessoa. Só não podia vender a mim a ideia de que um dia eu seria um palestrante.

Nos dias em que devia me apresentar diante da classe, costumava ficar doente. Quando me apresentei, usei uma folha de papel dobrada, e olhava cuidadosamente para cada palavra, para garantir que não faria contato visual com ele ou com qualquer outro estudante. Eu não sabia se conseguiria passar na disciplina.

No último dia de aula, o professor pediu para falar comigo um minutinho. *Uh-uh.*

Ele me levou até o seu escritório, entregou-me o documento final, olhou nos meus olhos e disse:

– O'Leary, você tirou C na minha disciplina. Mas me escute: tirou C porque amo você. Agora, vá se formar!

Então, quando disse sim à palestra para as bandeirantes, eu estava acima da minha capacidade.

Passei mais de quarenta horas preparando essa primeira palestra. De manhã, dizia a Beth que teria um dia cheio e que chegaria tarde em casa; então, dizia aos meus funcionários que teria reuniões fora o dia todo. Ia para um estacionamento vazio e ficava escrevendo, pesquisando e escutando a minha palestra.

Por uma semana.

Para uma palestra de quinze minutos.

Para bandeirantes do terceiro ano!

Na quarta-feira da apresentação, acordei cedo. Dirigi até o estacionamento abandonado e pratiquei por mais várias horas. Fui para a escola por volta da hora do almoço, para descobrir para onde aquilo tudo iria me levar. Sempre é sábio conhecer o território do inimigo, saber contra o que se está lutando.

Fui para casa. Tomar uma ducha. Colocar terno e gravata. Finalmente, sai às três e quinze, abri a porta, andei até o meu carro, curvei-me como se fosse amarrar os sapatos e vomitei. A imensa pressão de falar para esse grupo, literalmente, me deixou doente.

Uma vozinha me dizia: "O que você está fazendo? Volte para casa. Isso é uma idiotice, assim como a sua história".

Mas eu me levantei. Coloquei um chiclete na boca, fui para a escola, e cheguei até a porta. A vozinha continuava: "Elas não querem saber disso. E se ficarem entediadas? E se jogarem biscoitinhos de coco em você? Seja esperto. Dê meia-volta. Desista".

Ponto de inflexão. Eu tinha duas escolhas. Voltar para o meu carro e alegar que algo havia acontecido. Ou passar por aquela porta.

Aprendi diversas vezes na vida que a gente pode demonstrar coragem ou pode se sentir confortável. Mas não há como fazer as duas coisas de uma vez só. Enquanto sentir-se confortável pode ser muito popular, a coragem muda a nossa vida. Eu vi isso com os meus irmãos, no dia em que me queimei. Senti isso quando o enfermeiro Roy me levava pelos corredores. Via isso nos olhos das fisioterapeutas no hospital. E ouvi de Glenn Cunningham, quando caminhávamos juntos.

Ignorei aquela voz, coloquei a mão na maçaneta, ergui a cabeça e entrei.

As garotas estavam todas sentadas nas carteiras, com sucos de caixinha e alguns petiscos. A chefe do grupo fez uma introdução. Fiquei atrás da mesa da professora, parcialmente li, parcialmente improvisei para contar minha história. Minha voz era monótona e trêmula. Eu gaguejava, e me perdi diversas vezes. Estava muito longe da perfeição. Quando terminei, elas me fizeram algumas perguntas, aplaudiram docemente, ficaram em fila e me abraçaram antes de sair da sala.

Minha primeira palestra.

Sem pagamento. Sem alvoroço. Não, nem ao menos me deram uma caixa de biscoitos.

Mas aquela ligação, aquela palestra, mudou toda a direção da minha vida. Tudo porque eu me dispus a erguer a cabeça, corajosamente, e enfrentar o desconforto.

Eu disse sim.

E SE?

Naquele ano, compartilhei a minha história mais duas vezes.

Uma pequena escola católica convidou-me para falar a estudantes do quarto ano. E uma unidade local do Rotary Club convidou-me para falar em um almoço.

Como o livro dos meus pais continuava a circular, o número de ligações de grupos interessados em ouvir minha história também aumentava. Eu tentava dizer sim sempre. No ano seguinte, falei treze vezes. Alguns desses eventos até "pagaram" pelo meu tempo. De um cliente, recebi um cartão de combustível; de outro, um cartão de café; e de outro, um pacote de pipoca. Cara, eu estava arrasando!

Agora, ninguém me confundia com Tony Robbins. Porém, a cada palestra eu ficava mais polido, mais confiante e um pouco mais convencido de que aquela era a minha vocação.

Embora a pipoca não fosse manter as luzes acesas ano após ano, quando eu via o impacto que a minha história poderia ter na vida dos outros, sentia-me compelido a fazer mais do que apenas responder aos pedidos de quem queria que eu fosse palestrar. Sentia um desejo de ser proativo na busca de oportunidades de compartilhar a minha história, de, essencialmente, criar um negócio de palestras.

Eu não sabia o que estava fazendo. Então, contratei uma empresa de marketing para me ajudar com meu nome comercial, meu logo e meu site.

Comprei o domínio do site e o construímos. Fizemos cartões de visita. E eu tinha todos os elementos que pareciam fazer parte de um negócio de verdade.

E quando você cuida de um negócio de verdade, aumentam também as despesas de verdade. Escritório, computadores, softwares, linhas telefônicas, marketing, e, se você estiver crescendo, folha de pagamento.

Nos primeiros anos, fui apresentado à candidata perfeita para trabalhar comigo, mas não havia como contratá-la. Ela pedia o valor exato que eu tinha faturado no ano anterior. Olhei para os meus registros. Sem chances.

Três dias depois de nossa reunião inicial, recebi uma carta dela, agradecendo pelo café, pelo tempo e pela consideração. A carta terminava com uma frase de Abraham Lincoln: *Determine que algo pode e deve ser feito, e encontraremos o caminho.*

Segurei a carta e a reli.

Está bem, pensei. *Bem, vou pensar a respeito.*

E pensei.

Orei. Perguntei a alguns amigos que tinham negócios próprios o que fariam. E discuti a decisão com Beth. Avaliamos a possibilidade de fracasso, de ficar no vermelho, de precisar hipotecar a casa. Fizemos uma lista dos melhores e dos piores cenários. E ficou claro que, pior do que fracassar nesse negócio, seria não investir nele e depois olhar para trás e perguntar-se: "E se?".

E se eu realmente tivesse apostado tudo? E se isso realmente pudesse crescer? E se eu pudesse inspirar os outros a despertar para a dádiva de suas histórias? E se essa fosse realmente a minha missão?

Veja, não importa olhar para cima e ver o que é possível se você não estiver disposto a se alongar, a sentir o desconforto e, possivelmente, fracassar.

Visão é inútil sem coragem de arriscar e de dar passos.

Você precisa deixar ir para poder alcançar. É como aqueles primeiros estranhos passos que dei com a ajuda das fisioterapeutas. Elas gentilmente me colocavam em pé, iam me soltando lentamente, e me desafiavam a colocar um pé na frente do outro. Cada difícil e doloroso passo arriscava o conforto em que eu vivia pela possibilidade de uma nova vida.

Seria esse um outro momento como aqueles?

Sim.

Então, contratei Deanna.

Isso me deixaria em uma posição desconfortável, a menos que as coisas deslanchassem. Troquei botinas, calças jeans e cinto de ferramentas por sapato social, terno e laptop. Em 2007, vendi minha empresa de negócios imobiliários e passei a focar exclusivamente nas palestras. Foi assustador. Sentia-me meio louco. Era uma jogada do tipo tudo ou nada.

E foi a melhor decisão profissional da minha vida.

Nosso negócio triplicou no ano em que contratei Deanna. E segue crescendo desde então. Mudamos de escritório e agregamos incríveis colegas, como Molly, Abby e mais equipe com o passar dos anos. Aquele pequeno escritório básico, com uma mesa, cresceu e se tornou um centro de negócios. Nos últimos sete anos, por conta do duro trabalho da minha equipe, tive a honra de falar para mais de um milhão de pessoas nos Estados Unidos e no mundo. Seguimos com a nossa missão, o nosso trabalho e o nosso desejo de incentivar os outros a viver vidas inspiradas.

Eu tinha vinte e oito anos quando comecei a Rising Above. A vida ia bem. Eu não precisava me desafiar a fazer algo desconfortável.

O conforto é popular, é fácil, é a opção de muitos.

Mas é quando alongamos ao máximo que as coisas crescem e a magia acontece. Seu combustível melhora os relacionamentos e a vida profissional e emocional. É onde vidas mudam. A começar pela sua.

UMA VOZ DO PASSADO

Durante quatro dias horrorosos em abril de 2011, trezentos e cinquenta e cinco tornados atingiram a área que vai do Texas a Nova York. O Alabama foi a região mais afetada, com mais de duzentos tornados devastando o estado.

Foram as tempestades mais destruidoras da história do Alabama, matando duzentas e trinta e oito pessoas, gerando estragos que somavam bilhões de dólares e devastando comunidades inteiras.

Quando, lentamente, as comunidades foram se reorganizando, a empresa de energia Alabama Power deparou-se com o desafio de reconstruir a rede elétrica. Essa enorme missão exigiria o compromisso de toda a organização para ser bem-sucedida.

Para incentivar seus funcionários a cuidar da segurança, trabalhar em equipe, manter o foco na tarefa em execução e mostrar-lhes que, apesar da horrível tempestade, dias melhores estavam por vir, fui convidado a falar em vários escritórios da empresa.

Depois de mais de trinta palestras pelo estado, apaixonei-me pela Alabama Power, por seus funcionários e pela incrível comunidade na qual atuavam.

Depois de passar boa parte do verão com eles, preparei minha última apresentação com um misto de emoções. A palestra seria em um belo saguão externo, em Eufaula, Alabama. Cheguei ao hotel tarde, trabalhei um pouco e fui dormir. Nada de mais.

Na manhã seguinte, depois de terminar minha apresentação final, o homem que havia me levado para o tour de palestras e que tinha se tornado um amigo querido, Keith, subiu ao palco. Ele me abraçou e agradeceu. Quando eu começava a caminhar para a minha cadeira, ouvi seu forte sotaque sulista:

– Cara, volte aqui.

Voltei para o palco, sem ter ideia do que ele faria a seguir, e olhei para Keith, ansioso. Ele disse:

– Cara, durante todo o verão você veio trazendo luz para as nossas trevas. Gostaríamos de refletir um pouco dessa luz de volta para você. Então, cara, queremos fazer uma coisa gentil.

Keith tinha uma dúzia de rosas.

Ele as entregou a mim.

– Uau, obrigado, Keith.

– Cara, seja um bom filho e dê essas flores para a sua mãe.

Ao fundo da sala, vi minha mãe e meu pai surgirem de trás de uma cortina. Eu não podia acreditar. Meu pai não é muito de viajar, por conta da doença de Parkinson. Já minha mãe adora viajar, mas, como cuidadora do meu pai, ela raramente o faz. Enquanto eles caminhavam rumo ao palco, várias centenas de trabalhadores ficaram em pé.

Abracei meus pais, entreguei as flores à minha mãe e agradeci a Keith. Foi uma surpresa maravilhosa.

Ele prosseguiu:

– Sabe, vendo você caminhar até sua mãe e seu pai assim, lembrei-me da história que nos contou sobre o começo, quando você era um garotinho. Como era o nome dele?

– O enfermeiro Roy?

– Isso, ele mesmo. O que mesmo o Roy costumava dizer a você?

– Garoto, você vai voltar a andar. Eu vou andar com você.

Keith coçou a cabeça e repetiu a pergunta.

– O que mesmo ele costumava dizer?

– Garoto, você vai voltar a andar. Eu vou andar com você – eu disse, um pouco mais alto.

– Não, cara. Aposto que não era assim, não. Aposto que era mais parecido com isso...

Ouvi um microfone sendo ligado. Uma forte voz preencheu a sala:

– Garoto, você *voltou* a andar. E tenho orgulho de andar com você.

Virei para trás, em choque.

Ergueram uma cortina no fundo da sala e eu o vi. Um homem que eu não via há vinte e quatro anos. O enfermeiro Roy!

Ele não tinha envelhecido. Continuava parecendo o Apollo Creed.

Comecei a caminhar pelo corredor na direção dele. A plateia, mais uma vez, levantou para aplaudir.

Eu havia mantido contato com muitos médicos e enfermeiros que me atenderam anos atrás. Uma mesa inteira na minha festa de casamento estava com esses amigos. Mas Roy saíra do hospital logo depois da minha alta; nunca conseguimos encontrá-lo. A Alabama Power rastreou esse incrível homem, tão fundamental na minha história. Entraram em contato com ele, contaram como eu falava dele e perguntaram se poderia vir me encontrar.

Pelo jeito, ele disse sim, pois estava me dando um forte abraço de urso.

Eu estava sem palavras.

Meus olhos estavam cheios de lágrimas.

Que momento.

Minha mãe, meu pai, Roy e eu saímos para jantar naquela noite. Na última vez em que comêramos juntos eu estava recebendo morfina, atado à cama, com alimento sendo injetado pelo tubo de alimentação. Agora, estávamos sentados para jantar, ladeados por novos amigos da Alabama Power, celebrando esse incrível encontro, e absolutamente ardentes de alegria. Foi uma noite da qual nunca vou me esquecer.

Perto do fim da noite, Roy e eu conversamos em particular. Conversamos sobre o tempo em que passei no hospital, aquelas horrorosas trocas de curativos e os passeios diários até a banheira. Falamos de enfermeiros difíceis e de velhos amigos. Compartilhamos o que ambos havíamos vivido nos últimos vinte e quatro anos. Contei-lhe sobre a minha família, ele me contou sobre a dele. Então, inclinou-se e disse:

– Sabe, John, me surpreende que você tenha feito algo com a sua vida.

O mesmo sentimento havia sido compartilhado comigo muitas vezes por professores do ensino médio, no passado. Dessa vez, porém, entendi como um elogio. Veja, quando uma criança passa por um incêndio, às vezes consegue sair do hospital, mas dificilmente volta à vida. A jornada emocional é dolorosa demais. Eu entendia o que Roy queria dizer. Então, agradeci.

– E sabe o que me surpreende ainda mais?

Fiz que não, balançando a cabeça.

– Como você conseguiu casar com uma mulher tão bonita! – ele riu.

– Uau. Obrigado, Roy. Estou feliz que o tenham encontrado!

Nós dois rimos. Então, ele disse:

– John, falando sério agora, sabe o que mais me surpreende disso? Desse jantar, dessa reunião, disso tudo?

– Não sei, mas quero saber, Roy!

– Então eu vou contar.

Ele tomou um gole de água. Olhou-me nos olhos. Fez uma longa pausa. E disse:

– É saber que depois de vinte e quatro anos eu continuo sendo importante. John, eu fiz o meu trabalho, eu amava o meu trabalho, amava os meus pacientes. Mas, até hoje, nunca havia entendido que eu importava.

– Você importa, cara. E como!

Engoli em seco, a emoção estava me dominando. Era a minha vez de dizer a Roy o que ele realmente tinha feito por aquele garotinho.

– Roy, eu amava todos os meus enfermeiros. Todos foram muito bons para mim. Mas, verdade seja dita, alguns cochichavam sobre morte. Não acreditavam de verdade. Você, Roy, entrava no mesmo quarto, para encontrar o mesmo garotinho queimado, me pegava e basicamente gritava: "Esqueça a morte! Garoto, você vai andar!". Roy, você mudou a minha vida. Sim, você fez a diferença. E nunca vou me esquecer de você.

Que bela lembrança, não apenas para uma criança em um centro de queimados, mas para todos nós, ao nos alongarmos no trabalho, na saúde, na fé, nos relacionamentos e na vida. Esqueça a morte. Você vai viver. Você vai andar. E eu vou andar com você.

Levante a cabeça.

Siga em frente.

Estagnação *versus* Crescimento

A pessoa mais patética do mundo é aquela
que enxerga, mas não tem visão.
– Helen Keller

O que é realmente possível na vida?

Essa é uma pergunta que não pode ser plenamente respondida se você seguir olhando para o próprio pé.

Esse é o seu ponto de inflexão.

Ansiedade e medo fazem você manter-se estagnado. *E se eu fracassar? E se eu for muito velho? E se eu nunca voltar a andar?* Ao olhar para baixo, você só vê os seus sapatos, a sujeira. Só sente desmotivação e dificuldade.

Mas você pode escolher olhar para a frente se alongar e respirar a vida e as possibilidades de cada momento.

Este é o seu dia. Coloque a capa de novo. Lembre-se da poderosa possibilidade que havia em seu coração quando você era criança. Volte a ousar sonhar de novo.

E se for só o começo? E se eu realmente puder obter sucesso? E se eu puder ter um profundo impacto na vida de alguém? E se eu me alongar ativamente todos os dias?

Não chegou o momento de arriscar tudo para construir algo, inspirar os outros e tornar-se alguém melhor?

Não é o momento de se alongar corajosamente rumo a uma vida ilimitada?

Não é chegado o momento de colocar-se em movimento, de começar a sonhar e a crescer?

O crescimento é a única evidência da vida.

Escolha crescer.

Faça a sua parcela de bem onde estiver; são essas pequenas ações que, reunidas, surpreendem o mundo.

– Desmond Tutu

6

O que mais você pode fazer?

Uma vida pode mudar o mundo,
e sempre muda.

Uma vida pode mudar o mundo – e sempre muda.
Aconteceu ontem.
Eu estava deitado na minha cama do hospital.
Não podia me mover. (Estou preso à cama.)
Não podia falar. (O respirador me impede.)
Não podia ver. (Meus olhos, de tão inchados, estão fechados.)
Eu estava no escuro, sentindo dores, e muito assustado.
Mas também estava sonhando, desejando e orando.
E ouvindo.
Atentamente.

Eu ouvia tudo o que acontecia à minha volta. Não posso fazer muitas outras coisas, então, é isso o que faço. Eu escuto.

Foi ouvindo que eu fiquei encantado.

Sabe, eu gosto de esportes. Todos os esportes. Mas amo beisebol. O St. Louis Cardinals é o meu time. Adoro assistir aos jogos, porém vamos pouco ao estádio.

E os jogos só passam na televisão algumas vezes por ano.

Então, em casa, nossa forma de assistir aos jogos de beisebol não é com os olhos. Não. Usamos os ouvidos.

Ouvimos o rádio.

Ouvimos o narrador.

Um cara chamado Jack Buck. Ele é a voz do St. Louis Cardinals. Ele é o cara que eu escuto o verão todo. É ele quem me diz o que o meu Cardinals está fazendo. É ele que eu escuto no quarto, embaixo das cobertas, muito depois do horário em que deveria ter ido dormir. E, apesar de nunca o ter conhecido, eu o amo!

E foi ele o cara que entrou no meu quarto ontem.

Isso mesmo. Jack Buck visitou-me no hospital.

Eu não pude vê-lo.

Mas não precisava.

Eu estava deitado, ouvindo os bips das máquinas que me mantinham vivo, quando ouvi a porta se abrir e passos se aproximarem.

Ouvi uma cadeira sendo arrastada pelo chão.

Ouvi um limpar de garganta.

E, então, ouvi a voz.

– Garoto. *Acorde.*

Reconheci sua voz imediatamente.

Era Jack Buck.

– Escute o que vou dizer. Você vai sobreviver. Entendeu? Você vai sobreviver e, quando sair daqui, vamos sair para comemorar! Vamos chamar de Dia de John O'Leary no campo de beisebol.

Jack Buck. No meu quarto? Falando comigo? Eu não podia acreditar!

– Garoto, você está me escutando?

Eu não podia me mover, mas tentei movimentar a cabeça o máximo possível. Queria que ele soubesse que eu o estava ouvindo.

E ele deve ter percebido, pois logo disse:

– Bom.

Jack ficou em silêncio por um bom tempo. Achei que tivesse ido embora. Então, disse:

– Continue lutando, garoto.

Ouvi a cadeira sendo recolocada no lugar, os passos se afastando de mim, a porta se abrindo, e Jack Buck saindo do quarto.

Foi uma visita curta.

Quando ele saiu, eu continuava preso à cama, com os olhos inchados e fechados, incapaz de me mover, de falar, de fazer qualquer coisa.

Mas estava completamente animado!

Sim, cara, íamos fazer uma festa! "Dia de John O'Leary no campo de beisebol!" Eu gostava de como isso soava!

Isso foi ontem. E desde então continuo pensando nessas palavras, nessa promessa e naquela voz. Na realidade, é só nisso que consigo pensar hoje. Sim, continuo com dor. Sim, as máquinas continuam apitando. Sim, ainda tem o barulho do respirador, que mais parece o Darth Vader. Mas não estou mais focado nisso. Estou pensando na visita e no meu dia no campo de beisebol.

Então, ouço a porta se abrindo.

Passos indicam que alguém está entrando.

Uma cadeira é arrastada pelo chão.

Ele limpa a garganta.

E escuto a voz:

– Garoto. Acorde. Eu voltei!

Meu deus! Ele de novo!

– Escute o que vou dizer. Você vai sobreviver. Entendeu? Você vai sobreviver e quando sair daqui, vamos sair para comemorar! Vamos chamar de Dia de John O'Leary no campo de beisebol.

Uma longa pausa.

– Nos vemos em breve.

A cadeira é arrastada até seu lugar.

A porta se abre.

Estou sozinho outra vez. A sala fica preenchida pelo som das máquinas.

Bip. Bip. Bip.

Continuo na escuridão.

Preso à cama.

Sem poder me mover.

Sem poder ver.

Sem poder falar.

Sozinho.

Com um único pensamento: "Espera só até meus amigos saberem disso!".

Jack Buck mudou a minha vida.

Ele entrou nela apenas alguns dias depois do incêndio.

As chances de sobrevivência permaneciam muito baixas. Por conta do alto risco de infecção, os únicos indivíduos que podiam entrar em meu quarto eram a equipe médica essencial e meus pais. Naquele momento, havia uma regra clara: absolutamente nenhuma visita.

Isso mudou quando Jack Buck chegou ao centro de queimados, procurando pelo garotinho que havia estado no incêndio da semana anterior. A equipe consultou meus pais e lembrou-lhes de que um visitante no quarto poderia causar uma infecção. Mas a visita de um apresentador do Hall da Fama que seu filho idolatrava, de quem acompanhava cada palavra dele durante a temporada de beisebol, também traria, sem dúvida, esperança. E escolheram deixá-lo entrar.

Ele nunca foi nosso conhecido. Simplesmente contaram a ele que um garotinho da comunidade havia se ferido, enfrentava um quadro extremamente difícil e precisava de um pouco de motivação. E isso foi o suficiente para Jack.

Ele se arrumou e entrou no meu quarto e na minha vida.

Ele não estava preparado para os sinais das máquinas, as luzes de alerta, o alto ruído do respirador, tampouco para o garotinho preso à cama e, literalmente, envolvido em ataduras da cabeça aos pés. Depois de dizer para eu seguir lutando, ele saiu da sala e se pôs a chorar no corredor.

Uma enfermeira foi confortá-lo. Afinal, eles não tinham celebridades no centro de queimados todos os dias. E certamente não queriam ver a maior celebridade de St. Louis caída no chão!

Ela perguntou se ele estava bem.

Jack disse que não tinha certeza. Perguntou se o garotinho sobreviveria.

A enfermeira negou com a cabeça e explicou a gravidade de meus ferimentos. Então, ela concluiu:

– Senhor Buck, eu sinto muito, simplesmente não há chance. Chegou a hora dele.

Ele foi embora do centro de queimados com essa informação.

Jack tinha feito sua boa ação. Tinha visitado um garotinho que estava morrendo no hospital. E ele não me devia nada.

Já tinha feito o suficiente.

E tinha aprendido que algumas escaladas são muito íngremes e que aquele garotinho não sobreviveria àquela. Não havia nenhuma chance.

Nenhuma chance.

E, apesar de todos os motivos para não ter esperanças e seguir com sua vida, Jack voltou no dia seguinte.

Uma amizade inusitada surgiu durante a minha estada no hospital. Jack me fazia visitas frequentes; falava de mim nas transmissões e mandava jogadores profissionais de beisebol, de futebol e de hóquei me visitar, depois que as visitas passaram a ser permitidas. Jack fez tudo o que estava ao seu alcance para me incentivar a seguir lutando. Seguir lutando pelo Dia de John O'Leary no campo de beisebol.

Nos meus dias mais difíceis, a voz de um homem brilhava na escuridão. Uma visita me fez uma promessa à qual pude me agarrar. Uma voz ecoava com esperança.

E ele só teve a oportunidade de causar tanto impacto assim porque alguém lhe contou a minha história.

ACENDENDO O FOGO

O fogo é o elemento mais destrutivo da natureza.

Ondas dançantes de chamas consomem tudo o que estiver no caminho. Tudo sai queimado, nada é poupado.

Veja o incêndio de Buckeweed, que começou em uma comunidade rural na parte norte de Los Angeles, em 2007. Espalhado por ventos altos e tempo seco, ele avançou rapidamente. Esse único incêndio forçou quinze mil pessoas a sair de suas casas, destruiu dúzias de estruturas e carbonizou uma área de mais de cento e cinquenta quilômetros quadrados. E tudo começou com um garotinho brincando com um único fósforo. Esse pode ser o impacto de uma pessoa: tomar uma decisão errada.

Ah, mas uma fagulha única também pode ser acesa de maneira positiva.

O fogo, como fonte de calor, cozinha nossa comida, aquece nossas casas e tosta nossos *marshmallows*. Dá força ao aço, forma o vidro, liga motores. E, na natureza, apesar de sua destruição inicial, é necessário para a sobrevivência das florestas.

Assim, o fogo limpa madeira morta, remove vegetação velha, fertiliza a terra com nutrientes vitais, abre sementes e incentiva o novo crescimento. Algumas sementes necessitam do fogo para amaciar sua camada externa depois de cair na terra para desenvolver raiz e crescer. Apenas um ano depois da devastação de uma floresta pelo fogo, vida nova já começa a florescer. Dentro de uma década, a floresta está novamente vibrante.

Esse é o poder de uma única fagulha que salta: pode aumentar, iniciar outras e levar a um inferno.

No dia em que me queimei, as notícias sobre o incêndio e a possibilidade aparentemente inexistente de sobrevivência do garotinho se espalharam muito depressa. Anos antes das mídias sociais, essa tragédia se tornou viral em nossa comunidade. Vizinhos, amigos e membros da família foram os primeiros a ficar sabendo. E eles, por sua vez, contaram para outras pessoas, incentivando orações e ações para aquela família que tinha perdido a casa e estava prestes a perder um filho.

Em um exemplo que foi capaz de mudar uma vida, nosso vizinho contou sobre o incêndio para um amigo, que contou a outro, que contou à sua vizinha, Colleen Schoendienst. Aumentando a fogueira, ela ligou para o seu pai e perguntou se ele poderia orar por um garotinho de sua vizinhança.

Aquela ligação mudou a minha vida.

O pai de Colleen, o grande jogador de beisebol Red Schoendienst, foi a um evento de caridade naquela noite. Sentou-se ao lado de seu amigo Jack Buck e contou-lhe sobre um garotinho que havia se queimado naquele dia e que não tinha muitas chances de sobreviver.

Foi esse o tamanho da conversa.

Mas foi o suficiente.

O impacto de uma única faísca é profundo. Às vezes, as menores ações e os menores atos conseguem transformar vidas. Certamente, as visitas e os incentivos de Jack Buck mudaram a minha.

Mas não foi apenas Jack, foi?

Foi Red.

Se ele não tivesse compartilhado a notícia, Jack nunca teria ficado sabendo, nunca teria me visitado, nunca teria me inspirado. Então, o crédito vai para Red.

Bem, na verdade, também não foi Red.

Foi Colleen.

Ela ligou para o pai e contou sobre o incêndio. Foi por conta dela que Red ficou sabendo. Ela é a razão para Jack ter ficado sabendo. Ela é a razão de eu estar vivo.

Certo?

Ou foi seu vizinho?

Ou o amigo?

Ou o meu vizinho de porta?

Meu amigo, frequentemente desmerecemos a nossa capacidade de influenciar mudanças radicais. Subestimamos a nossa capacidade pessoal de ser uma faísca que inicia fogueiras e influencia o mundo de maneiras tão importantes.

Possuímos essa capacidade e temos a oportunidade de, positiva e permanentemente, mudar o nosso ambiente.

Ações simples e pessoas comuns mudam o mundo.

Começa com um.

Começa com você.

Mas é preciso estar atento.

UMA PERGUNTA SIMPLES

Era para ser uma resposta rápida.

Terminei falando em uma sala de conferência cheia de educadores. Quando me encontrei com os professores, no final, enquanto autografava os livros, uma mulher de cerca de quarenta anos aproximou-se e apresentou-se, dando-me um abraço. Ela me deu um livro e pediu que eu o autografasse. Escrevi o nome dela, uma nota de incentivo, assinei e devolvi-lhe o livro.

Ela olhou para mim, olhou para minhas mãos, e perguntou:

– Como você aprendeu? Como aprendeu a escrever?

– Você tem um minuto?

Ela fez que sim, e contei-lhe como eu havia aprendido a escrever, apesar de não ter dedos.

Um mês depois de ter voltado do hospital para casa, saímos de viagem. Mamãe e papai na frente, seis crianças espremidas atrás deles. Era começo da noite e fazia calor; nossas costas grudavam no assento vermelho vinílico a caminho do centro da cidade. Era o dia que esperávamos desde a primeira visita de Jack Buck. Era o Dia de John O'Leary no campo de beisebol. Ia ser demais!

Jack nos encontrou na entrada de imprensa e, pessoalmente, empurrou minha cadeira de rodas para dentro do estádio. Ele me conduziu pelo interior do estádio, por um estreito corredor, e passamos por alguns funcionários e jogadores. Ao virarmos à esquerda, o estreito e escuro corredor abriu-se para o banco de reservas. Três degraus acima estavam a brilhante vista do gramado, os assentos vermelhos, e o campo de beisebol. Meu pai e Jack ergueram a minha cadeira de rodas para subir os degraus e chegarmos ao campo.

O time visitante treinava batidas. Assustei-me com o tamanho do estádio, visto a partir do campo.

Jack, então, levou-me para fora do campo, voltamos para um túnel escuro, passamos por uma equipe de policiais e funcionários e chegamos a uma sala em que se lia ST. LOUIS CARDINALS CLUBHOUSE. Ele empurrou minha cadeira de rodas para dentro e me apresentou a cada um dos jogadores pelo nome. A única coisa mais assustadora que conhecer meus ídolos de infância foi conhecê-los completamente nus! Parecia uma sauna grega! Estavam em vários estágios de nudez, e completamente confortáveis com isso, e absolutamente simpáticos com o garotinho em cadeira de rodas que entrava em seu espaço antes do jogo.

Foi uma experiência da qual nunca vou me esquecer.

Então, tomamos um elevador e subimos até a arquibancada de luxo. Aquilo, certamente, era um presente inacreditável para a minha família.

Minha mãe e meus irmãos foram acompanhados até boxes que ficavam sobre a terceira base.

Jack levou papai e eu para o seu escritório. O box de radiotransmissão ficava bem atrás da placa da casa. Tinha uma visão panorâmica perfeita do estádio. O box tinha duas fileiras de cadeiras: uma na primeira fila e outra cinco degraus atrás. Naquela noite, na primeira fila, estavam o produtor da rádio, um narrador chamado Mike Shannon, outro chamado Jack Buck e um garotinho de nove anos, preso a uma cadeira de rodas, com a pele vermelha e brilhante, feridas nos braços, nas pernas e no pescoço, curativos cobrindo a maioria de seu corpo, um boné do Cardinals na cabeça e um grande, absoluto, sorriso estampado no rosto.

O Dia de John O'Leary no campo de beisebol foi tudo o que eu tinha sonhado que seria.

Depois de quase quatro horas de beisebol, os Cardinals ganharam o jogo em turnos adicionais de *home run*. Fui embora com oito copos plásticos vazios, que antes tinham contido refrigerante. Fui pra casa com suvenires: tacos, bolas e casacos. E fui para casa com uma gravação da transmissão em que Jack me fazia várias perguntas e eu respondia com inesquecíveis respostas de uma única palavra.

– Bem, esse é um dia pelo qual todos esperávamos. Depois de uma longa batalha no hospital, meu amiguinho aqui está bem o suficiente para estar conosco esta noite. É o Dia de John O'Leary no campo de beisebol, e esse corajoso garotinho está sentado aqui ao meu lado. Garoto, você está se divertindo?

Com a voz estridente, nervosa, eu falava num microfone enorme.

– Sim.

– O incêndio foi em janeiro. Você passou meses no hospital, e teve de fazer dúzias de cirurgias. Aposto que está contente de ter saído de lá e ter voltado para casa.

– Sim.

– Sei que adora beisebol. E que o Cardinals é o seu time. Você acha que esse time consegue vencer a Liga Mundial desse ano?

– Sim.

E assim seguiu a entrevista.

Mas sabe de uma coisa? Jack não prestava atenção às minhas respostas. Ele atentava mesmo para algo muito mais importante.

Ele via um garotinho incapaz de sair da cadeira de rodas, incapaz de usar seus braços, seu corpo e suas mãos. Jack percebeu, naquela noite, que aquele garotinho tinha sobrevivido, voltado para casa e celebrava no campo de beisebol.

Mas que a verdadeira luta estava apenas começando.

E ele escolheu me incentivar a continuar lutando.

Alguns dias depois, recebi um pacote pelo correio. Minha mãe ajudou-me a desembrulhá-lo, e, ali, envolto em papel, estava uma bola de beisebol autografada pelo nosso grande ídolo, Ozzie Smith. Sob a bola, havia um bilhete de Jack.

Garoto, se quiser uma segunda bola vai ter que escrever uma nota de agradecimento para o homem que autografou a primeira. Seu amigo, Jack Buck.

Escrever uma nota de agradecimento?

Hmmm, ele estava brincando?

Eu mal conseguia segurar qualquer coisa, imagine uma caneta. Será que não tinha visto meu pai segurando o copo para que eu pudesse tomar todo aquele refrigerante?

É claro que viu.

Jack Buck prestou atenção.

E foi por isso que me mandou a bola.

Mamãe e papai imploravam para que eu tentasse escrever novamente. Os fisioterapeutas estavam trabalhando nisso comigo. Ficavam me lembrando de que, quanto antes eu reaprendesse a escrever, mais rápido voltaria para a escola.

Se isso era para ser uma motivação, não funcionava. Eu não gostava da escola!

Mas amava beisebol.

E é claro que queria uma segunda bola autografada.

Aqui temos mais um exemplo de que, quando conhecemos o nosso *motivo*, podemos suportar qualquer *como.*

Com as mãos ainda envoltas em curativos, pedi à minha mãe que me ajudasse a segurar uma caneta sobre o papel e a escrever uma nota de agradecimento. Foi doloroso, foram muitas tentativas, e mal dava pra ler. Mas agradeci a Ozzie pela bola, coloquei meu nome, e essa nota foi enviada a ele.

Sem nem mesmo saber, esse foi um importante ponto de inflexão em minha jornada. O primeiro passo para eu voltar a escrever, voltar à escola, voltar à *normalidade*, foi dado naquele dia. E, naquele momento, eu achava que era só para conseguir uma segunda bola de beisebol.

Três dias depois, recebi uma segunda bola pelo correio, e uma segunda nota.

Garoto, se quiser uma terceira bola, basta escrever uma nota de agradecimento. Seu amigo, Jack Buck.

– Mamãe! Venha aqui. Rápido. E traga uma caneta!

Mais uma nota de agradecimento foi enviada.

Alguns dias depois, mais uma bola chegou.

Garoto, se quiser uma quarta bola...

Consegue ver o padrão?

Enquanto o St. Louis Cardinals jogava na Liga Mundial, naquele mês de outubro, um certo garotinho em St. Louis recebeu sessenta bolas de beisebol autografadas e enviou sessenta notas de agradecimento.

Muitos meses depois do Dia de John O'Leary no campo de beisebol, um tal garoto que havia sofrido com um incêndio e não tinha dedos nem chance de sobreviver voltava à escola.

Tudo porque um homem prestou atenção.

E se fez uma pergunta muito simples: *o que mais eu posso fazer?*

Ao se perguntar isso, ele viu possibilidades onde os outros viam limitações, agiu onde os outros achavam que seria perda de tempo e concentrou-se em fazer a diferença para os outros.

Essa simples pergunta exigiu ações quando, em um evento de caridade, ele se sentou e ficou sabendo a respeito do garoto que tinha se queimado. *O que mais eu posso fazer? Ok... vou visitá-lo.*

Essa simples pergunta o fez perseverar depois da primeira visita, quando um membro da equipe disse que o garoto morreria. *Acham que não há esperanças. Bem, o que mais eu posso fazer? Ok... vou visitá-lo uma vez mais para ajudá-lo a acreditar que é possível.*

Essa questão o fez seguir me visitando durante o período em que estive no hospital, cumprir a promessa do Dia de John O'Leary no campo de beisebol e me enviar sessenta bolas de beisebol autografadas. *O que mais eu posso fazer?*

Esse homem tinha uma carreira de sucesso, uma vida familiar atribulada, provavelmente enfrentava as suas próprias dificuldades, mas usou seu tempo para perguntar-se o que mais poderia fazer por aquele garoto. E serei para sempre grato.

Em que você está prestando atenção? Quase todos nós prestamos atenção em nossos próprios problemas. Olhamos para a nossa lista de afazeres, o nosso balanço financeiro, a nossa cintura, os nossos filhos. Passamos os dias olhando para os nossos celulares, verificando os nossos e-mails, passando pelos nossos *posts* no Facebook.

Mas o que Jack fez?

Ele olhou para os outros.

Prestou atenção ao que estava acontecendo ao seu lado.

Não pelo que poderia obter da situação, mas para ver o que poderia oferecer.

Essa é a diferença entre uma vida de sucesso e uma vida com significado.

É a diferença entre uma vitória rápida e uma vitória real.

VITÓRIA REAL

Já lhes apresentei Glenn Cunningham.

Vocês sabem, o homem que sofreu terríveis queimaduras quando criança, reaprendeu a caminhar, começou a correr, tornou-se atleta olímpico e, décadas mais tarde, incentivou-me a nunca desistir.

Bem, se buscar na *Wikipedia* um artigo sobre ele, só ficará sabendo de suas queimaduras quando criança e de seu processo de recuperação. Da descrição de suas conquistas na corrida, começando pelo ensino médio, depois a faculdade, as Olimpíadas, e terminando com a sua consagração como o número um do mundo. Da relação de corridas, localidades, datas e finais. Menciona sua aposentadoria em 1940. Mas eu argumentaria que, muito provavelmente, os quarenta e oito anos entre a sua aposentadoria e a sua morte tenham representado o aspecto mais magnífico e impressionante de sua vida – talvez de qualquer vida.

Veja, depois de voltar para casa de uma edição dos Jogos Olímpicos, Glenn casou-se e começou a construir uma família em um grande rancho, no Kansas. Ele e sua mulher, Ruth, tinham três filhos quando ficaram sabendo de uma família russa que havia sido desalojada por conta da Segunda Guerra Mundial. Glenn e Ruth conversaram com a família a respeito de suas necessidades e, por fim, convidaram-na a viver em sua casa, como inquilinos, durante alguns anos.

Depois de aposentar-se das corridas, Glenn começou a dar palestras para grupos em todo o país. Ele era tão inspirador, confiável e claramente tinha tão bom caráter que cartas dos participantes das palestras chegavam ao seu rancho. Cartas agradecendo pelo tempo que dedicara a eles, por sua história, por suas conquistas e por seu incentivo. Uma delas trazia, inclusive, a história de um garotinho, dos desafios que enfrentava, e terminava com o pai perguntando: *Tommy poderia ficar com você em seu rancho por uns dias?*

Glenn e Ruth já tinham três filhos. Eles estavam ocupados com o rancho, e a vida na estrada era bem agitada.

Mas eles também sentiram um ligeiro toque de insatisfação, pois acreditavam que poderiam fazer mais. Afinal de contas, tinham muita terra, possuíam uma casa com doze quartos, que não estavam sendo usados. Com um pouco de criatividade e frugalidade, decidiram que poderiam apoiar financeiramente outra criança durante algum tempo. Que mal haveria em ter mais um filho para preencher outro quarto e fazer parte da família?

Então, eles disseram sim.

Glenn e Ruth provaram ser pais e guardiões excelentes. Em breve, outras famílias estavam escrevendo, perguntando se o filho deles poderia ficar no rancho. A resposta dos Cunningham era sempre a mesma: sim.

Os juizados logo começaram a enviar jovens problemáticos para o rancho. Antes que pudessem perceber, os Cunningham estavam com a casa cheia de crianças de todas as idades. Algumas ficavam por alguns dias, outras por semanas. Algumas passavam o verão todo. Algumas ficaram por anos.

Com o tempo, Glenn e Ruth acabaram tendo doze filhos legítimos. Mas nunca fizeram distinção entre os filhos adotados e os de sangue. As crianças eram todas Cunningham e recebiam amor incondicional. Em troca, elas deveriam seguir as regras, fazer algumas tarefas de casa e ajudar a cuidar dos animais no rancho. Em outras palavras, eram parte da família.

Ruth e Glenn abriram o coração e a sua casa. Ao longo de mais de quatro décadas, incentivaram e encorajaram mais de nove mil crianças.

Incríveis nove mil crianças!

Não são muitas as pessoas que podem dizer isso hoje em dia.

Não era fácil financeiramente. Era um trabalho sem fim para ambos. Mas criaram espaço para aquelas crianças, pois sabiam que todo o amor e respeito que pudessem dar faria a diferença na vida delas.

Glenn, claramente, conhecia o poder da pergunta *O que mais eu posso fazer?*

Foi o que o levou de uma cama de hospital, com graves queimaduras nas pernas, a um pódio com uma medalha pendurada no pescoço. Foi o que o motivou, a partir de sua confortável casa com três filhos, a começar a ser um agente do bem, impactando a vida de milhares de jovens. E isso elevou o status de sua vida: de uma vida de sucesso, ele passou a ter uma vida de significado e de impacto.

O mundo valoriza o status. A medalha olímpica. A casa grande. Um rosto bonito. A vitória. Mas as medalhas se deterioram. As casas envelhecem. Um rosto bonito perde o viço. As vitórias que lutamos para conseguir acabam sendo vazias.

Os indivíduos que alcançam as mais altas conquistas na vida não correm atrás do sucesso, mas da significância. Eles não executam suas corridas, constroem suas casas, criam seus filhos e vivem a própria vida para si mesmos; eles realizam tais coisas para fazer a diferença para os outros. Eles estendem as mãos, tocam corações, dão amor e impactam vidas. Com tais ações, chegam ao tipo de vitória que mantém a chama acesa mesmo muito depois de terem ido embora.

Glenn Cunningham viveu uma vida incrível, não pelo que fez, mas pelo que deu.

Você não precisa ser um atleta olímpico para isso.

Só precisa servir onde for útil.

Só precisa viver uma vida pautada pelo sim.

VIVENDO O SIM

Trabalhei durante três anos como capelão de hospital.

Era um trabalho de meio período, geralmente à noite e aos finais de semana. No primeiro ano, atendi a adultos. Nos anos seguintes, que foram os mais transformadores da minha vida, trabalhei com crianças e suas famílias em um hospital pediátrico.

Nessas visitas a crianças feridas, enfermas ou à beira da morte, ficou claro o que importava. Para aquelas famílias, as antigas preocupações com notas, desempenho atlético, time e popularidade deixavam de ter importância. O estresse e a agenda cheia para que a criança se desenvolvesse no máximo de áreas possível, preparando-a para uma vida de sucesso, ficava limpa. O tempo passava a ser gasto com espera de resultados de exames, orações nas salas de espera, sonhos para o futuro, qualquer futuro, e conversas cara a cara. Esses pais assustados e seus incríveis filhos lutavam, juntos, por uma vida saudável e normal.

Estavam plenamente cientes do que importava.

Muitas vezes, eu saía desses encontros, ia até o meu carro, fechava a porta e chorava. Eu ficava destruído por ver os desafios que tinham diante de si, mas sua luta pela vida e o amor que compartilhavam uns com os outros também me inspiravam muito.

Uma experiência e uma família seguem presentes em minha vida até hoje.

Quando eu visitava uma garotinha que compartilhava da minha paixão por beisebol e adorava sorvete de baunilha, meu *Pager* vibrou. Olhei para baixo e vi o número de um quarto seguido pelo código 4444. Meu estômago revirou.

Esse código era usado para informar que o coração de um paciente havia parado, que a criança não estava mais respirando. Aí, uma equipe médica ia correndo para o quarto. E trabalhava para tentar trazer a criança de volta à vida.

Capelães são parte da equipe, para dar suporte emocional e orar pelas crianças, e, caso os pais estejam presentes, sentar-se com eles durante o terror.

Em programas de televisão, como *ER* e *Grey's Anatomy*, quando surge um código, um monte de médicos bonitos corre pelos corredores até o quarto. A música de Sarah McLachlan toca ao fundo, dramaticamente. Os médicos costumam injetar algumas drogas, apertar alguns botões e, magicamente, o paciente volta à vida. A música termina, os médicos se abraçam, e há o corte para os comerciais.

Na vida real, não há música. É um processo brutal e raramente o paciente volta a viver.

Tudo isso passava pela minha cabeça enquanto eu corria pelos corredores, saindo do quarto de minha amiga de sete anos, passando pelo CTI, até chegar ao quarto do chamado. Vi a mãe e o pai daquele pequeno paciente em pé, do lado de fora. Observando. Vendo algo terrível, que nenhum pai deveria ter de ver.

Aproximei-me deles, apresentei-me, expliquei o que estava acontecendo e ofereci-me para levá-los a uma sala de espera privada. Não queria que vissem aquilo. Não queria que as prováveis últimas memórias de seu filho fossem aqueles momentos.

A jovem mãe virou-se para mim, olhou-me firmemente nos olhos, e disse:

– John, não vamos a lugar nenhum. Quer você goste, quer não, ficaremos com nosso filho. Na vida... ou na morte.

Ela virou-se, apoiou-se no marido e voltou a olhar para o seu filho.

Ficamos do lado de fora do quarto e assistimos. Vimos os médicos se revezando nas intensas massagens cardíacas. Vimos repetidas injeções de diversas medicações pela equipe. Assistimos às enfermeiras se revezando e pressionando o balão de oxigênio para jogar ar para dentro de seus pulmões. Até que assistimos a um jovem médico, notavelmente tocado pela perda, aproximar-se e explicar que não havia mais o que fazer.

– Seu filho agora está com Deus.

A mãe passou pelo médico, pela equipe reunida, e chegou até seu filho de dois anos. Ela curvou-se sobre a cama, acariciou seu cabelo escuro e pegou-o no colo.

O restante da equipe saiu do quarto.

O pai entrou.

Não dissemos uma palavra.

Ficamos juntos naquele momento sagrado, trágico e surreal.

Descobri que não dizer nada em momentos de grande emoção é, em geral, a melhor forma de comunicação. Um jovem casal pode passear pelo parque, de mãos dadas, sem dizer uma palavra. Um pai pode se sentar com um filho, observar as ondas, o pôr do sol, os pássaros voando, e não dizer uma palavra. Dois bons amigos podem sentar-se no balanço na varanda da frente sem sentir necessidade de preencher o tempo com palavras vazias.

Na tragédia, vale a mesma lógica. Quando recebemos um diagnóstico de uma doença grave, quando perdemos um amigo querido, quando as coisas se desmontam em nossa vida, raramente queremos que alguém venha e tente consertar as coisas com palavras. Nenhuma palavra vai eliminar a dor. Não, desejamos que alguém tenha coragem de estar conosco, de sentar-se conosco, de chorar conosco. Em outras palavras, queremos que alguém esteja plenamente presente ao nosso lado.

Então, apenas ficamos juntos, em pé, em silêncio.

Depois de um tempo, o pai me abraçou e disse:

– John, sabia que esse garotinho era o cara? Temos três filhos, um de nove, um de sete, e este. Mas ele era o cara. Foi ele que fez nossa família ficar completa. Ele tinha apenas dois anos, mas nos ensinou do que se trata a vida. Iluminou cada dia da nossa vida e o transformou em um dia mais brilhante que o anterior.

E ele continuou:

– Provavelmente você não sabe disso, mas ele nasceu doente. Nunca acreditaram que sairia do hospital, mas conseguimos levá-lo para casa. Pudemos amá-lo. E o tivemos conosco por dois anos. Dois anos incríveis.

Sua esposa continuava embalando o filho, e ele continuava compartilhando detalhes da vida da criança. Eu estava ao seu lado, seu braço em torno de mim, lágrimas escorrendo pelo meu rosto.

– Agora, as coisas não foram fáceis. Ele nunca aprendeu a sentar, a falar, a se comunicar, mas, como eu disse, ele era o cara.

Um forte silêncio preencheu a sala outra vez.

A mãe continuou embalando o filho.

Ela então voltou o olhar para o marido e disse:

– Conte a ele sobre o bilhete que recebemos do diretor no começo da semana.

Na segunda-feira à tarde, o casal havia recebido um bilhete do diretor da escola que seus dois outros filhos frequentavam. No bilhete, ele agradecia por terem criado jovens tão incríveis, e explicava que era uma alegria ter aqueles dois estudantes na escola e dava dois exemplos concretos: "Seus filhos são os únicos garotos de toda a escola que ajudam a empurrar crianças em cadeiras de rodas. Fazem isso sem que seja preciso pedir e sem esperar reconhecimento. E seus filhos são os únicos que, na hora do almoço, se sentam com as crianças que são portadoras de necessidades especiais. Há muitas mesas com crianças alegres e bagunceiras e apenas uma mesa com crianças que apresentam algum tipo de limitação. Seus filhos estão sempre nessa mesa".

O pai terminou de falar e eu estava tomado pela emoção.

Quando criança, eu tive necessidades especiais.

Como adulto, casei-me com uma mulher que trabalha com crianças com necessidades especiais.

Ouvir aquele pai orgulhosamente contar essa história, enquanto sua esposa embalava o filho sem vida, tocou-me profundamente.

E perguntei-lhe:

– É por conta do caçula, esse pequeno milagre, que seus outros dois filhos são como são?

A mãe respondeu:

– John, por causa dele eu sou uma mãe melhor, ele é um pai melhor, e meus filhos são garotos melhores. E seremos sempre melhores.

Eu sou uma mãe melhor.

Ele é um pai melhor.

Meus filhos são garotos melhores.

E seremos sempre melhores.

Nunca esquecerei essa experiência, essa conversa, esses pais, aquele garotinho perfeito. Aquele garotinho ensinou seus irmãos a prestar atenção. O caçula os fez abrir os olhos para a pergunta *O que mais eu posso fazer?* Ele foi a faísca que acendeu a fogueira da vida dessa família. Se eles vão sentir saudade do filho, do irmão, todos os dias de suas vidas?

Certamente.

Mas viveram cada dia de maneira inspirada, porque ele havia entrado em suas vidas.

Sua vida foi um sucesso?

Muitos dirão que não.

Mas sua vida foi significativa?

Ele fez a diferença?

Impactou positivamente os outros?

Profundamente.

O PODER INDIVIDUAL

Eu tenho uma regra muito simples: não discuta com freiras.

Aprendi isso com o tempo e com as muitas freiras com as quais convivi na escola, quando estava internado no hospital e em meus anos de capelão.

Uma simples freira, uma vez, escreveu: "Eu, sozinha, não posso mudar o mundo. Mas posso jogar uma pedra na água e criar muitas ondulações".

Essa citação é de uma frágil e humilde mulher albanesa que tomou um trem, foi para um dos países mais pobres do mundo, buscou a cidade mais pobre, aventurou-se pelos becos mais pobres e, tranquilamente, começou a servir quem encontrou por ali. Um a um, ela alimentou, cuidou, humanizou. E amou todos a quem serviu. Hoje, a ordem que fundou, as Missionárias da Caridade, tem quatro mil e quinhentas irmãs religiosas servindo em mais de cento e trinta países em todo o mundo. Apesar de sua líder já ter morrido, a ordem que ela fundou segue cuidando de refugiados, crianças, leprosos, pessoas com Aids, idosos e moribundos. São agentes do bem em um mundo que muito necessita deles.

Por conta de uma mulher.

Muito já se escreveu a respeito de madre Teresa. Livros contam a história de sua infância, de sua conversão, dos desafios, da paixão, do amor, da fé e mesmo de como lutou com a dúvida durante a maior parte de sua vida.

Mas que não haja nenhuma dúvida sobre isso: sua vida foi um exemplo da verdade de que uma vida pode mudar o mundo, e sempre muda.

Não precisamos ir até a Índia para encontrar exemplos.

Todos temos exemplos na própria vida. Se buscarmos.

Depois que termino minhas apresentações, muitas pessoas costumam se aproximar para contar suas histórias. Elas compartilham histórias de como sua vida melhorou por conta de um homem ou de uma mulher, de uma pessoa comum que as apoiou, incentivou e agiu.

Uma semana, fui convidado para falar três vezes, para três empresas distintas, em três dias consecutivos. Elas estavam localizadas em Nova York, Missouri e Illinois. Depois de cada apresentação, as pessoas faziam fila para contar suas histórias e relembrar aqueles que as haviam impactado positivamente durante sua jornada.

Em Nova York, um homem contou-me de quando, anos atrás, estava no aeroporto JFK, pedindo o almoço e preparando-se para pagar. Então, ouviu uma voz profunda, grave, vindo de trás dele na fila: "Eu pago o almoço dele". Ele virou-se e viu um homem que achou que conhecia. O estranho apresentou-se como Jack Buck.

Antes de o homem poder dizer alguma coisa, Jack entregou o pagamento ao caixa. O homem disse que era um fã incondicional do Mets, mas que naquele dia parara de odiar os Cardinals e passara a amar Jack Buck.

Foi incrível ouvir outro exemplo de como Jack Buck alegrara o dia de alguém. Mesmo o cara torcendo para o Mets.

No dia seguinte, em Missouri, um homem contou sobre os dias em que era artista e passava fome. Ele estava passando por tantas dificuldades que aceitara um emprego para pintar casas. Ele só conseguia um salário mínimo.

Em um dia quente de verão, quando estava pintando uma janela no segundo piso de uma casa, uma voz rouca chamou-o e insistiu para que descesse da escada e descansasse um pouco. O dono da casa convidou-o para entrar e refrescar-se. Enquanto tomava uma limonada na cozinha de Jack Buck, Russell Irwin contou a ele que adorava pintar, mas que preferia telas a janelas. E compartilhou sua frustração por não conseguir mostrar seu talento para o mundo.

Jack escutou-o, fez algumas perguntas, prestou atenção e propôs um plano. Ele convidou o artista a pintar o Hall da Fama do St. Louis Cardinals. Fizeram duzentas e cinquenta cópias e venderam para caridade. A ação arrecadou mais de quinhentos mil dólares. E também lançou a carreira de Russell Irwin.

Eu não podia acreditar. Outra história sobre Jack Buck e de como ele podia mudar a vida das pessoas com atos simples.

Por fim, no outro dia, depois de dar a palestra em Illinois, um homem aproximou-se de mim e contou sobre a primeira vez que falara em público. Ele iria falar para quatrocentos colegas de trabalho, na abertura de um encontro de vendedores. Preparado com anotações, ele subiu ao púlpito, olhou para a multidão, de novo para os papéis de anotações, e congelou.

O homem simplesmente não conseguia falar.

Houve um longo e desconfortável silêncio.

Um murmúrio de risadas surgiu na sala.

Então, um homem grisalho levantou-se da plateia, subiu ao palco, colocou o braço em volta do apresentador. Leu a primeira linha do texto e disse:

– Ok, acho que posso assumir daqui.

Isso mesmo, era Jack Buck

O homem com medo de se apresentar entregou-lhe suas anotações. Ele me disse que foi um ponto de mudança em sua vida e em sua carreira. Hoje ele é COO[3] da empresa e apresenta o evento de gala há treze anos. Ele credita seu sucesso a um ponto de inflexão no início da carreira, quando as palavras não saíam, quando todos ficaram em silêncio, e quando Jack Buck se aproximou.

Uma pessoa.

Fazendo ações simples.

Mudando a vida das pessoas.

Jack era muito bem-sucedido profissionalmente.

Era um reconhecidíssimo narrador, amado em sua comunidade por sua voz e por seu encanto. Durante décadas, foi o principal locutor de todos os esportes.

Ainda assim, depois de conhecer o homem, seus filhos, conversar com sua mulher e ouvir suas histórias de impacto na vida de outras

---

3 Sigla inglesa para Chief Operating Officer.

pessoas da comunidade, estou convencido de que sei o segredo de seu sucesso: a vida dele não era para si.

Simples assim. Ele não fazia para aparecer. Seu trabalho não era para ganhar poder. Seu tempo não era pensado para o que poderia ganhar. Reconhecido como celebridade, ele não tinha ego.

Ele prestava atenção nos outros – e tomava atitudes para tornar a vida deles melhor. Suas ações não eram divulgadas, não eram extremamente heroicas, tampouco caras. Entretanto, com seu consistente investimento nos outros, os efeitos de sua vida seguiram vibrando muito depois de sua morte.

Jack certamente escolheu viver uma vida radicalmente inspirada. **Ele é o exemplo perfeito da sexta escolha em ação: a chave para uma grande vida é buscar significado e não sucesso.**

Ele buscava significado.

E, ao fazer isso, atraía o sucesso.

Então uma pessoa pode fazer a diferença?

A resposta é um absoluto, reverberante e alegre *sim*! Mas o poder individual exige fé.

Você precisa acreditar.

Nesse momento, você já conhece bem a minha história.

O incêndio.

As queimaduras.

As poucas chances.

O milagre.

Ou eu sou o cara mais sortudo do mundo ou existe algo aí.

A verdade é que, a cada passo do caminho, alguns indivíduos traziam os fatos. Uma queimadura de cem por cento do corpo significa nenhuma chance de sobreviver. O garotinho não vai conseguir. Chegou a hora dele. Não há chance alguma. Ok, ele viveu. Mas que vida vai ser essa? Ele certamente não vai andar, nunca vai escrever, não vai contribuir ativamente, nunca voltará a ser "normal".

Felizmente, a cada passo do caminho, outros acreditaram, lutaram e oraram.

Jim. Jogando-se nas chamas, arriscando a vida para me salvar.

Amy. Abraçando-me e garantindo que tudo ficaria bem.

Susan. Entrando na casa em chamas em busca de água.

Minha mãe. Pegando a minha mão e lembrando-me de me apegar a Deus.

Roy. Erguendo-me e dizendo: *Garoto, esqueça a morte. Você vai andar.*

Jack. *Garoto! Acorde! Você vai viver!*

Essas pessoas acreditaram. Elas tinham fé. Sabiam que as coisas podiam melhorar. Que aquilo não precisaria ser o final.

Acreditar no poder individual nos permite ver em que podemos fazer a diferença. Nos permite ver a oportunidade de *o que mais eu posso fazer?* Nos tira da sonolência, nos desperta para prestar atenção e exige que tomemos uma atitude.

Em minha experiência, acreditar que Deus opera em todas as coisas me liberta do estresse de me preocupar todos os dias, de ser comprimido pelas tragédias à minha volta, e me dá a certeza de que o melhor está por vir. Acredito em um Deus onisciente, onipotente e amoroso. E acredito que, uma vez que Deus costuma atuar por nossas palavras, atos e amor, devemos nos manter abertos à sua vontade em nossa vida.

A fé abre seu coração para o amor, os seus olhos para as possibilidades, e sua vida para a verdade de que ela, e cada outra vida, tem uma profunda importância.

INESTIMÁVEL

Formei-me na universidade.

Você já chegou até aqui neste livro e ainda não acredita que milagres acontecem? Bem, temos uma prova bem aqui! De alguma maneira, este garoto contente, mas academicamente pouco motivado, formou-se na universidade.

Outro milagre aconteceu na noite da minha formatura.

Eu nunca tinha namorado na escola. Nem no ensino médio. E a seca continuou pelos quatro anos de universidade. Mas na noite da formatura choveu, e o milagre do amor aconteceu.

Imagine por um momento como ela é.

Não, não vale roubar e olhar o caderno de fotos!

Apenas feche os olhos e, por um momento, imagine como seria a aparência dela.

Imaginou?

Não, imagine outra vez. Não esse tipo de amor.

O amor que surgiu na noite da formatura não foi físico, não foi sexual, não foi o início de um relacionamento para a vida toda. Em vez disso, foi a incrível generosidade de Jack Buck fluindo mais uma vez na minha vida.

Mantivemos nossa amizade durante os anos.

Ao saber que o garoto que não tinha chances de sobreviver ao incêndio, que nunca voltaria a escrever, estava se formando na universidade, Jack resolveu passar pela festa para me dar um presente.

No jantar de comemoração da formatura, rodeado pela família, recebi uma bela caixa embrulhada com um pequeno cartão de Jack. A primeira palavra era "Garoto". (Algumas vezes me perguntava se Jack sabia meu nome!)

E continuava: "Isso significa muito para mim. Espero que signifique muito para você também".

Abri o embrulho, abri a caixa, olhei dentro e vi outra bola de beisebol. Mas essa era diferente. Era pesada. Escura. Parecia feita de vidro. Afastei-me da mesa e da escura luz da sala de jantar e fui para fora, buscando uma luz melhor para ver o que era.

Abri a porta do restaurante e, sob o pôr do sol, tirei a bola da caixa e segurei-a contra a luz. Brilhando na bola de cristal, vi a gravação: Jack Buck. Hall da Fama do beisebol. 1987.

Era o ano do meu acidente.

E também era o ano em que Jack havia entrado para o Hall da Fama.

Era a bola de beisebol de Jack Buck no Hall da Fama.

Perdi o ar e olhei outra ver para o cartão.

Garoto, isso significa muito para mim. Espero que signifique muito para você também. Essa é a bola de beisebol que recebi quando entrei para o Hall da Fama. É de cristal. É inestimável. Não deixe cair! Seu amigo, Jack.

Olhei outra vez para aquele presente inestimável.

Por que Jack Buck me daria um presente tão valioso?

Com a bola brilhando à minha frente, eu não me sentia merecedor de tal presente. Aquela bola deveria estar exposta em sua casa. Deveria ser passada para a próxima geração de sua família. Não deveria ser minha.

Eu era um garoto de vinte e dois anos. Tinha medo da minha própria sombra. Não tinha ideia de quem eu era ou de que se tratava a vida. Eu estava tão pasmo com o presente que, naquela noite, levei-o para casa e guardei-o na gaveta de meias.

Não queria que ninguém visse aquele presente do qual não me sentia merecedor. Sabia que, se alguém o visse, perguntaria como eu o tinha conseguido. E eu teria de contar como havia conhecido Jack. E de compartilhar minhas cicatrizes, minha história. E eu não estava preparado para isso.

Então, guardei para mim.

Escondi.

No escuro.

Por anos.

Mas a luz sempre vence a escuridão. Às vezes, só demora um pouco mais.

Quando Jack me deu a bola, ele não tinha ideia de que, algum dia, meu pai sofreria com a mesma doença que ele, a doença de Parkinson. Ele não tinha ideia de que meus pais escreveriam um livro. Não tinha ideia de que, um dia, aquele garoto cresceria, aceitaria suas cicatrizes e compartilharia sua história. Jack não tinha ideia de que centenas de milhares de pessoas em todo o mundo se sentiriam inspiradas pelo seu presente, pela sua generosidade, pela forma como ele entrou na minha vida. Ele, provavelmente, não tinha nem ideia de como a luz podia brilhar forte.

Jack deu o que deu por uma razão muito mais simples.

Ele deu porque podia dar.

E, ao fazer isso, ele inspirou minha vida radicalmente.

Eu penso em Jack o tempo todo. Penso em sua voz trazendo luz para a minha escuridão no hospital. Penso no Dia de John O'Leary no campo de beisebol. Penso naquelas sessenta bolas de beisebol que chegaram pelo correio e me ensinaram a escrever de novo. Toda vez que vejo a bola de beisebol de cristal brilhando, refletindo luz pela sala, penso em como uma pessoa pode fazer a diferença.

E também penso nele sempre que estou com meu filho mais velho. Jack Buck adoraria conhecer meu filho de dez anos. E também adoraria seu nome.

Jack.

Sucesso *versus* Significado

Ganhamos a vida pelo que conquistamos,
mas vivemos pelo que doamos.
– Winston Churchill

Todos somos muito ocupados.

Temos incontáveis responsabilidades, tarefas e deveres. Você pode estar pensando: *Nossa, não posso fazer nada mais; já estou sobrecarregado com minha família, meu emprego e minhas contas. O que mais eu poderia fazer?*

Eis o seu ponto de inflexão. Em vez de lançar as mãos para o alto e dizer "Nossa, o que *mais* eu posso fazer?", abra seu coração, erga os braços e diga: "O que mais eu posso fazer?".

Eu o incentivo a fazer-se essa pergunta à noite. Anote em um diário. Busque uma resposta. O que mais posso fazer para alcançar a oportunidade à minha frente, para recuperar a minha saúde, para celebrar plenamente as bênçãos divinas que recebi, para amar mais os meus familiares, para prestar mais atenção àqueles que precisam de um pouco de esperança?

Tudo o que você faz em sua vida cotidiana importa e muito.

Quando você busca o sucesso, sua faísca queima rapidamente.

Mas, quando faz algo significativo, sua faísca ganha vida, se espalha para os outros e segue queimando muito depois de você já ter partido.

O serviço que você presta silenciosamente aos outros não vai sair nas manchetes, mas vai inspirar pessoas e dar significado para a sua vida.

Decida-se hoje a tornar a sua família, a sua comunidade, a sua empresa e o seu mundo lugares melhores.

Preste atenção.

Pergunte-se: "O que mais eu posso fazer?".

E veja a faísca transformar-se em chama e criar um poderoso fogaréu de mudança.

Escolha o significado.

Eu gostaria de poder mostrar-lhe...
a incrível luz do seu próprio ser.

– Hafez

7

Você está pronto?

Medo e amor são os dois grandes motivadores.
Enquanto o medo sufoca, o amor liberta.

Ouvi sua voz do lado de fora do meu quarto.

– Ele está pronto?

Meu pai.

Ele falava com uma enfermeira.

Não esperei por sua resposta.

Gritei, de dentro do quarto.

– Sim! Está! Venha buscá-lo!

Sim, eu estava pronto.

Sentado em minha cadeira de rodas, olhando ao redor do quarto. Aquela tinha sido a minha casa pelos últimos cinco meses. Uma única janela, uma pequena televisão, uma grande cama com barras de metal, calendários nas paredes, paredes amarelas, cheiro de desinfetante.

Eu não sentiria falta.

Nós iríamos para casa.

Casa.

A grande porta de vidro se abriu e vi meu pai entrar no quarto.

Ele empurrava um carrinho de mão.

Um carrinho de mão com champanhe e muitos doces. Era seu presente para as enfermeiras que tanto tinham feito por mim. Tudo indicava que eu não seria o único a ter uma festa naquele dia.

Ele aproximou o carrinho da minha cama, curvou-se e me deu um beijo no rosto.

– Bem, John – ele começou. – O que você acha? Está pronto para isso?

"Isso" significava um passeio de cadeira de rodas até o elevador, descer quatro andares e sair pela porta da frente, até o nosso carro. "Isso" significava não mais técnicos vindo pela manhã tirar meu sangue, não mais dias cheios de trocas de curativos e fisioterapia e comida ruim, não mais noites sentindo falta dos meus pais, ouvindo os bips das máquinas e sentindo saudades de casa. "Isso" significava ir embora do hospital, ir para casa e, lá, festejar com meus pais, irmãos, parentes e amigos.

Olhei para meu pai, sorri e disse que estava absolutamente pronto.

Enquanto esperávamos os últimos papéis de alta serem assinados, ele disse:

– Bem, quero que saiba que estou orgulhoso de você. Todos estamos. Médicos, enfermeiros. Todos. Você conseguiu, garotinho safado. Você conseguiu.

Ele fez uma pausa.

– Estou tão orgulhoso de você. Eu te amo muito, John.

Aquelas palavras.

Foram quase exatamente as mesmas palavras ditas cinco meses antes e que salvaram minha vida.

Ouvi-las levou-me diretamente de volta àquele momento...

Depois que a ambulância me levou para o hospital, os paramédicos me conduziram a uma pequena sala de espera. Fecharam as cortinas em torno de mim. Alguns enfermeiros vieram checar meus sinais vitais. Disseram que tudo ficaria bem, que tudo daria certo.

Então, todos saíram do quarto.

E eu fiquei na cama, sem ninguém por perto.

Completamente sozinho.

Eu estava com medo e triste.

Mas, mais do que isso, eu só pensava em uma coisa.

Basicamente, eu só tinha um pensamento naquela manhã.

Meu pai ia me matar quando descobrisse o que eu tinha feito...

Meu pai odiava quando eu não escutava. Quando ignorava as regras.

Eu não devia ter brincado com fogo.

E, naquela manhã, eu explodi sua casa.

Eu tinha feito um grande estrago.

A última besteira que fiz tinha sido duas semanas antes. Em um domingo de manhã. Eu tinha ido à igreja com minha família e, depois, saímos para tomar café da manhã.

Depois de chegarmos em casa, meu pai me disse para trocar de roupa antes de sair para brincar.

Mas o café da manhã tinha demorado muito.

Eu já estava atrasado para encontrar meus amigos.

Então, quando o carro parou e todos entraram, eu rapidamente fugi para a casa do meu amigo.

Todos os meus amigos já estavam lá, e passamos a tarde jogando futebol americano.

Foi um dia incrível.

Até eu chegar em casa e encontrar com meu pai.

Eu estava suado.

Sujo de lama.

Manchas de grama cobriam minhas roupas de igreja.

Ele não ficou muito feliz.

Pegou-me pelo pulso, levou-me para o quarto, colocou-me sentado na cama e me disse como estava desapontado comigo.

Mantive a cabeça baixa.

Ele perguntou se eu sabia que era uma má ideia ir jogar bola com minha roupa de domingo.

Fiz que sim com a cabeça.

Ele perguntou se eu o tinha ouvido dizer para trocar de roupa ao chegarmos em casa.

Fiz que sim com a cabeça.

Ele perguntou por que eu não o havia obedecido.

Dei de ombros.

Ele me disse como estava desapontado e que era bom isso nunca mais acontecer.

Então, ele saiu e fechou a porta.

E eu fiquei sentado sozinho no quarto, pensando no que havia feito. Durante toda a noite.

Isso porque eu tinha estragado as minhas calças.

Dessa vez eu tinha feito algo pior. Muito pior.

Estragar calças cáqui é ruim? Imagina explodir uma casa!

Eu havia causado um incêndio.

Havia me queimado.

Havia destruído a casa.

Havia colocado nossa família em perigo.

Meu pai ia me matar.

Então, ouvi sua voz, como um leão, rugindo no fim do corredor.

– Onde está meu filho, John O'Leary?

Ai, meu Deus.

Ele já tinha descoberto.

E estava vindo acabar comigo.

Uma enfermeira não me ajudou em nada, e indicou diretamente onde eu estava. Vi sua sombra crescendo pela cortina à medida que se aproximava. Vi seu braço puxar a cortina.

Não deixem ele me matar! Não deixem ele me matar! Era o que eu pensava, enquanto me preparava para a sua ira.

Mas eu estava pronto para isso. Eu merecia.

Ele, delicadamente, aproximou-se da minha cama e disse.

Tranquilamente.

– Olha, meu garotinho safado!

Um sorriso surgiu em seu rosto.

Fechei os olhos.

O que estaria acontecendo?

Por que estava sendo tão gentil?

Então, ele disse:

– Olhe para mim, John.

Abri os olhos e olhei para o meu pai.

– Nunca senti tanto orgulho de alguém em toda a minha vida. Você me escutou?

Desviei o olhar. Do que ele estava falando?

Ele repetiu.

– Olhe para mim, John. Eu amo muito você. Amo você.

Eu não podia acreditar que ele estava dizendo isso.

Não podia acreditar que não estivesse bravo.

E, de repente, tudo começou a fazer sentido.

Tudo ficou claro.

Eu entendi.

Ninguém havia contado a ele o que havia acontecido!

Naquele primeiro dia, foi assim que me senti. Oh, mas meu pai sabia.

Ele sabia.

E durante os cinco meses seguintes, no hospital, pensei muitas vezes naquela manhã.

Naquelas palavras.

Nunca esqueci o que aquelas palavras fizeram por mim.

E agora, com meu pai ao meu lado, com um carrinho cheio de doces, os olhos repletos de alegria, eu sabia que ele era a razão de esse dia chegar. Meu pai salvara a minha vida.

E, agora, finalmente, eu voltaria para casa.

Antes de Jack Buck surgir.

Antes de as fisioterapeutas me alongarem.

Antes de o enfermeiro Roy aparecer.

Antes de toda a equipe trabalhar para me salvar.

Antes de a minha mãe surgir para me fazer aquela extraordinária e inspiradora pergunta.

Antes de qualquer pessoa ter a chance de fazer qualquer coisa, a primeira pessoa que me visitou na emergência foi meu pai.

Foi um importante ponto de inflexão para mim e para ele.

Não haviam lhe contato a gravidade da minha situação. Não o alertaram para o que estava prestes a encontrar. Ele apenas sabia que eu me queimara e estava na emergência.

Ele entrou, abriu a cortina e me viu ali, deitado.

A imagem teria tirado o fôlego do mais experiente profissional de saúde. Ele encontrou seu filho de nove anos parecendo um anão na cama para adultos do hospital, careca, nu e sem pele. Viu seu filho menor sozinho, semicoberto por um fino lençol e choramingando.

Nada poderia tê-lo preparado para aquilo.

Seu filho iria morrer.

O medo transbordava. Ele se sentia paralisado. O que poderia dizer? Por que aquilo estava acontecendo?

Então, meu pai viu além das feridas, ultrapassou o medo, contemplou seu filho e, imediatamente, aproximou-se com amor.

Com carinho, fé e amor, ele ultrapassou o medo, o choque e a tristeza e aproximou-se de mim, curvou-se e sorriu. Disse que tinha orgulho de mim. E disse que me amava.

Eu te amo.

Três simples palavras que mudaram a minha vida.

E que podem mudar a sua.

A MUDANÇA

Meu pai não foi o único a ficar paralisado pelo medo.

É absurdo olhar de volta para aquele momento, mas eu estava com medo de morrer. Eu só pensava em como podia ter decepcionado tanto meu pai, ferido minha família, estragado nossa casa e arruinado minha vida.

Achava que toda a minha família estaria furiosa. E, sinceramente, achava que meu pai fosse me matar.

Pense em quando era criança. Você já fez algo estúpido? Desapontou sua família alguma vez? Lembra-se de como foi a reação deles quando chegou em casa com uma advertência? Ou depois de quebrar uma janela jogando bola? Ou quando chegou em casa depois do horário combinado?

Certo. Você arranjou problema por conta dessas situações, não foi?

Ficaram bravos com você, verdade?

Imagine se tivesse explodido a casa no final de semana.

Vamos ver como reagiriam a *essa*.

Era isso o que eu estava esperando.

Mas, na verdade, todos os momentos que gastei apavorado com a reação do meu pai foram um desperdício.

E, em geral, é isso o que acontece com o medo.

Talvez, Mark Twain tenha a frase certa para descrever isso: "Passei por coisas horríveis em minha vida, algumas delas aconteceram de verdade".

Pense nisso por um momento.

O medo é construído no que *pode* acontecer, em cima de algo que não existe de verdade. Ainda assim, frequentemente permitimos que essa emoção consuma nossos pensamentos, acabando por decidir o rumo da nossa vida.

Meu pai sabia disso.

Pode parecer simples, mas quando meu pai abriu mão de seu medo e entrou na situação com amor, suas palavras serviram como uma luz agradável, rompendo a escuridão na qual eu estivera durante toda a manhã. Aquelas palavras me levaram de um lugar sem chances para outro, no qual eu poderia seguir respirando e lutando. Momentos depois, quando meu pai saiu do quarto e minha mãe entrou e perguntou se eu queria morrer, foram as palavras de meu pai que me deram força.

Não, mãe. Eu quero viver.

Eu quero viver.

Antes de meu pai entrar ali, naquela manhã, eu estava em completo desespero e queria morrer. Estava sufocando de medo.

Depois que ele saiu, voltei a sentir esperança e um forte desejo de viver.

Fui salvo pelo amor.

E isso pode salvar a todos nós.

Vou deixar que Pedro Arrupe explique:

> *Aquilo que amamos... afeta tudo. Define por que você sai da cama pela manhã... como gasta seu fim de semana, o que lê... o que o magoa e o que o surpreende com alegria e gratidão. Apaixonar-se e seguir apaixonado define tudo.*

É um bonito sentimento a respeito do poder do amor. Ele afeta tudo.

Agora, releia a citação, substituindo as palavras relacionadas com *amor* por outras que exprimam o conceito de *medo*. Vá em frente, faça isso agora. Substitua a ideia de *amor* pela de *medo* e leia novamente.

> *Aquilo que tememos... afeta tudo. Define por que você sai da cama pela manhã... como gasta seu fim de semana, o que lê... o que o magoa e o que o surpreende com alegria e gratidão. Sentir medo e seguir assustado define tudo.*

A citação continua sendo precisa.

Quer você escolha ser dominado pelo amor, quer pelo medo, isso vai afetar tudo o que acontecer na sua vida.

Apaixone-se, continue apaixonado, e isso definirá tudo.

Sinta medo, continue assustado, e isso definirá tudo.

PRAZER EM CONHECER VOCÊ

Quando fui conhecer a família de Beth, recebi um conselho do qual nunca me esquecerei.

Estávamos perto do Natal e iríamos a uma grande festa em família. Beth e eu já estávamos juntos havia alguns meses, e estava na hora de conhecer sua família. Eram muitos tios, tias e primos. A festa estava animada, barulhenta, ouviam-se muitas risadas, havia comida, bebida, muita alegria. Senti-me em casa imediatamente.

Perto do fim da festa, passei um pouco de tempo com um dos antigos amigos da família. Apesar de já ser um senhor, ele tinha a mandíbula quadrada, as mãos fortes e um ar misterioso nos olhos.

Estávamos em sua casa, perto da mesa da cozinha, que estava repleta de comida.

Ele inclinou-se para pegar outro *cookie*, deu uma mordida, e disse:

– Sabe o que eu faço quando vou conhecer alguém, John?

– Não, senhor, o quê?

– Bem, John, eu sempre viro de lado.

E ele virou-se.

– Armo minha mão esquerda.

Ele cerrou o punho.

– Assim, fico pronto para o caso de a pessoa tentar me golpear. E posso golpear antes e derrubar o inimigo.

Houve um silêncio constrangedor.

– Você entendeu?

Ele continuava comendo seu *cookie* e eu fiz que sim. Com os olhos fixos em seu punho cerrado, perguntei:

– O senhor está dizendo que sempre que conhece alguém vai pronto para a briga?

– Isso mesmo. E posso derrubar quem quer que seja. E não há nada que o outro possa fazer. Absolutamente nada.

Ele não estava dizendo aquilo para me intimidar, mas para me dar um conselho que considerava importante. Aquele era um homem incrível, um grande amigo, e sentimos falta de sua doçura e de suas idiossincrasias.

Ele cresceu em uma vizinhança perigosa, viveu a Depressão, lutou na guerra, e as marcas de tais experiências moldavam todos os novos encontros em sua vida.

Você consegue imaginar como é viver a vida assim? Pode imaginar como é, sempre que encontra alguém, cerrar o punho, pronto para derrubá-lo? Sempre que aperta a mão de alguém, ter a outra pronta para o golpe?

É chocante.

Por mais que possamos rir dessa história, muitos de nós somos mais parecidos com ele do que gostaríamos de admitir.

De vez em quando, começamos o dia de punhos cerrados, prontos para desferir golpes. Às vezes, encontramos pessoas com escudos e máscaras, prontas para a guerra. Podemos nos acostumar a saudar adversidades e oportunidades, o ordinário e o extraordinário, o sol e as tempestades – não com o coração aberto, ardendo de amor, mas com o coração fechado e congelado pelo medo.

Porém, o medo também pode ser uma coisa boa.

Devemos ter medo de tocar em algo quente, de magoar os outros, de um leão faminto. Na minha fé, até o medo de Deus é algo bom, já que impulsiona os crentes a afastar-se de algo destrutivo e aproximar-se de coisas positivas.

O medo é parte da experiência humana e é necessário à nossa sobrevivência.

A meta, porém, é não ficar preso ao medo. Se formos dominados pelo medo, nunca iremos a lugar algum.

MINHA IRMÃ

Eu estava me preparando para sair.

Depois de cinco meses no hospital, era hora de voltar para o mundo. Todos celebravam o milagre. Meus pais estavam transbordando de alegria com minha volta para casa. Uma tarde, dias antes de minha alta, meu pai inclinou-se, colocou a mão em meu ombro, olhou em meus olhos e disse:

– John, vai ficar tudo bem.

Da minha cadeira de rodas, ainda conectado a um monitor cardíaco e a um tubo de alimentação e com curativos, olhei para ele. Eu devia estar tendo um dia ruim, porque me lembro de ter respondido o seguinte:

– É fácil para você falar. Você tem uma esposa, uma família, um emprego e uma casa. Posso nunca conseguir nada disso.

Eu era um garotinho apaixonado, precoce e corajoso. Mas em alguns momentos de minha infância, depois do incêndio, fui dominado pelo medo. Tinha medo do que as pessoas diriam. Medo do que eu não seria capaz de fazer. E, acima de tudo, medo de nunca ter o que todos pareciam lutar para ter... um emprego, uma esposa, uma casa e uma família.

Eu tinha medo de que nunca fosse ter uma chance.

Medo de que nunca fosse encontrar o amor de verdade.

Medo de nunca vir a ter uma vida normal.

Essa ansiedade me acompanhou durante anos. Frequentei o ensino médio na De Smet Jesuit High School, uma escola só para garotos. (Obrigado, mãe e pai, por não me ajudarem em nada nesse ponto!) Ainda assim, fiz amizade com algumas garotas da escola católica da região.

Chegamos até a ir a algumas festas.

Mas sempre na condição de "apenas amigos".

Fingia que estava tudo bem e que não me importava. Muitos garotos chegavam até a faculdade sem ter beijado na boca. Nada de mais. Eu tinha certeza de que algo aconteceria na universidade.

Mas, no fundo, eu tinha medo. Olhava para as minhas mãos. E xingava aqueles que tinham tirado meus dedos.

Apesar de conseguir escrever, dirigir, jogar basquete, beisebol... eu não tinha ideia de como seguraria a mão de uma garota.

Ninguém iria me querer.

Esse medo ecoava em minha mente quando entrei na faculdade. O padrão permaneceu durante o primeiro ano, o segundo, o terceiro. Muitos amigos, nada de namoradas, e a companhia do medo sussurrando: *não é para ser.*

Então, tudo mudou.

Encontrei a *pessoa certa*.

Em uma festa no segundo semestre do terceiro ano, eu a vi do outro lado do salão.

Era absolutamente linda.

Morena, grandes olhos castanhos e um sorriso brilhante e encantador. Parecia a Jackie Kennedy ou a Julia Roberts, só que mais bonita.

Perguntei quem era e descobri que estava no primeiro ano e se chamava Elizabeth Grace Hittler. Fui até ela, apresentei-me e conversamos um pouco. Perguntei se gostaria de dançar e comecei a levá-la pelo salão antes mesmo que pudesse responder. Dançamos a minha música favorita do Neil Diamond, "Sweet Caroline". Nós tínhamos química, ficamos juntos a noite toda, e eu sabia que acabara de conhecer minha futura esposa.

Contudo, quando a noite se aproximou do fim, comecei a duvidar de mim. Por que ela iria querer namorar comigo? E se minhas mãos lhe causassem repulsa? E quanto às cicatrizes que cobriam meu corpo? E se descobrisse quão longe da perfeição eu estava?

Decidi não a convidar para sair.

Por que me arriscar a ser rejeitado?

O medo fechou essa porta.

Naquela noite, seguimos nossos caminhos separadamente. Mas acabamos nos tornando grandes amigos. Passei um ano todo conhecendo Beth melhor, deixando que ela me conhecesse, e desejando que, apesar de tudo, pudéssemos ficar juntos. Com o passar do ano, nossa amizade fortaleceu-se, meus sentimentos por ela intensificaram-se, e eu sabia que precisava convidá-la para sair.

Eu estava pronto.

Então, em um evento social na universidade, puxei Beth para um canto, deixei de lado a hesitação, o medo e a apreensão, e me coloquei por inteiro ali.

Naquele momento, eu já sabia que ela diria sim. Foi por isso que demorei tanto para convidá-la: eu precisava ter certeza antes.

Imaginava que ela responderia algo como "por que você demorou tanto?".

Eu estava longe de estar pronto quando ela olhou nos meus olhos, sorriu docemente, e disse:

– John, você é como um irmão para mim.

Aquele foi o jeito de ela dizer *não*!

Foi o jeito dela de me fazer saber, da maneira mais gentil possível, que não estava interessada, que não havia chance, e que não haveria uma chance.

Tentei fugir da situação com uma péssima piada: disse que sempre quisera ter mais uma irmã. Eu queria que ela esquecesse que aquilo tinha acontecido. Mas, no fundo, sua rejeição acabou comigo.

Era a primeira vez que eu me expunha de verdade. A rejeição dela trouxe à tona os medos daquele garotinho de nove anos. Eu seria sozinho para sempre? E se as cicatrizes me prendessem não apenas a uma experiência sofrida no passado, mas também a uma vida solitária no futuro?

Mais um ano se passou.

Seguimos amigos.

Mas meus sentimentos por ela permaneciam.

Sentindo que começava a haver reciprocidade, disse a Beth que meus sentimentos por ela não haviam mudado. Disse-lhe que continuava fortemente atraído e que o ano que passara me havia feito gostar ainda mais dela.

Houve um longo silêncio.

Seu rosto não dizia nada.

E ela era absolutamente linda.

Então, ela disse:

– John, nada mudou. Eu amo você, você é incrível. Mas como amigo, mais como um irmão.

Sério. Será que ela ainda não sabia que eu tinha quatro irmãs? Eu não precisava de mais uma!

Hoje eu rio dessa história. Mas, quando jovem, ainda inseguro de mim e de meu futuro, isso foi totalmente devastador.

Eu estava cansado de apostar tudo o que tinha. Cansado de ser julgado por mãos e cicatrizes que não podia modificar. Cansado de tentar. E cansado de fracassar.

C. S. Lewis escreveu:

> *Amar é ser vulnerável. Ame qualquer coisa e seu coração ficará apertado e, possivelmente, acabará partido. Se quiser ter certeza de mantê-lo intacto, não deve dar seu coração a ninguém, nem mesmo a um animal. Embrulhe-o cuidadosamente com hobbies e pequenos luxos; evite apertá-lo; tranque-o seguramente no cofre ou no caixão do seu egoísmo. Mas ali – seguro, no escuro, imóvel e sem ar – ele vai se modificar. Não vai se partir, vai se tornar inquebrável, impenetrável, irredimível.*

Eu estava pronto para ter um coração inquebrável.

Impenetrável.

Irredimível.

Para mim era o suficiente.

Com a Beth.

Com namoros.

Com rejeição.

Com o amor.

O AMOR DE VERDADE

Esse é um lugar em que todos nos encontramos em determinados momentos da vida.

Afundados na tristeza. Dolorosamente solitários, arrasados pela decepção, tendo apenas pensamentos negativos como companhia. Você já percebeu que esse é o único momento em que ninguém consegue nos fazer companhia?

Apenas há espaço para um nesse cenário.

Quando você está completamente sozinho, a voz do medo pode ser esmagadora. E pode parecer que é a única coisa real. Quando gastamos muito tempo nos preocupando apenas com nós mesmos, a voz interna em nossa cabeça começa a ecoar, não é verdade? Reverberando de um lado para o outro, a voz fica cada vez mais alta.

O eco do medo silencia oportunidades.

Ah, mas o amor pode abrir a câmara do medo.

O medo é a prisão em que nos sentimos completamente confinados, mas a fé é a chave que nos liberta. Então, comecei a orar, refletir e anotar sobre o que significa ter amor. Comecei a pensar: *Como será uma vida verdadeiramente bem-sucedida, significativa e plena de alegria?* E comecei a pensar no que eu realmente esperava de Beth – ou de qualquer relação – na vida.

Não demorou para eu perceber que o meu desejo era egoísta.

Fiquei paralisado ao perceber o que essa relação, e, para ser sincero, o que a maioria dos relacionamentos, poderia fazer por mim. Eu estava muito focado no que queria. Queria que Beth saísse comigo, que fosse minha namorada, minha esposa, meu porto seguro. Queria que ela fosse a prova de que eu era normal. Mas, ao focar tanto em meus desejos, fui incapaz de apenas aproveitar quem Beth era e o incrível relacionamento que já tínhamos.

Decidi parar de tentar convencê-la de que poderia ser amado.

Abri mão do meu medo de ficar sozinho para sempre.

Abri a porta do meu coração e decidi amá-la, mesmo não sendo exatamente da maneira como eu havia planejado.

"**Ao fazer isso, destravei a sétima escolha para uma vida radicalmente inspirada: optar por abrir mão do medo e atuar, guiar e viver tendo como base o amor incondicional.**"

Foi um poderoso ponto de inflexão.

Quando saíamos juntos, parei de me preocupar comigo. O foco passou a ser, realmente, preocupar-me com ela. Em vez de tentar obter qualquer coisa desse relacionamento, comecei a apenas aproveitar qualquer tempo que tivéssemos juntos. Em vez de focar em namoro ou desejos, o foco mudou para simplesmente amá-la e aproveitar o momento.

Sem amarras. Sem expectativas. Sem objetivos ocultos.

E era o suficiente.

Mais do que suficiente. Era fantástico.

Em uma fria noite de setembro, no entanto, tudo mudou outra vez.

Beth e eu fomos a um incrível restaurante italiano (comida italiana é a preferida dela) e nos sentamos no pátio (que é onde prefiro sentar). Pouco depois de fazermos o pedido, ela inclinou-se em minha direção e disse que tinha algo a me dizer.

Então, ela tomou um gole de vinho.

Não, vou ser mais preciso: ela tomou um baita gole.

Ela disse que já fazia seis meses que, sempre que me via, sentia um frio na barriga. Ela não sabia por que, e muitas vezes queria não se sentir assim. Mas a sensação não passava.

Ficou um silêncio.

Então, ela me olhou nos olhos.

– John, o que estou tentando dizer é que... me apaixonei por você. É muito tarde? Você ainda está interessado em... namorar?

Fiquei em choque.

Não esperava, e não sabia como responder.

Então, olhei Beth nos olhos e respondi com o máximo de doçura possível.

– Desculpe, Beth, mas eu não namoro minhas irmãs.

Você acha mesmo que foi isso que eu disse?

Não. Eu mal conseguia pronunciar as palavras.

– Sim! Vamos tentar, Beth!

Bem, e tentamos.

Três anos depois, nos casamos.

Temos um casamento incrível. Não existe casamento ou relacionamento sem desafios. Lidamos com as mesmas dificuldades e os mesmos compromissos que qualquer outro casal. Temos esquilos no sótão, formigas na cozinha, água no porão. Temos desentendimentos ocasionais com nossos filhos, problemas de tempo e discussões de vez em quando.

Mas nada que é importante é fácil.

Estamos profundamente comprometidos um com o outro, compartilhamos uma forte fé e continuamos completamente apaixonados um pelo outro. Ela é uma mãe maravilhosa. Temos quatro filhos entre quatro e dez anos. Ela enfrenta constantes demandas; é levar e buscar a todos os lugares, ajudar nos deveres de casa, fazer curativos em joelhos ralados, acalmar gritaria, interromper brigas, ajudar com a higiene, lavar roupas sujas, fazer as crianças se arrumarem, orarem e irem para a cama. Ela faz isso todos os dias, quer eu esteja na estrada, quer não, e eu não poderia fazer o que faço sem o esforço e o amor que ela investe diariamente.

E sempre que estou com Beth ou qualquer um dos meus quatro filhos sinto uma enorme gratidão. Realmente, a espera valeu a pena.

O verdadeiro amor sempre vale a espera.

O INDICADOR NÚMERO UM DE FALHAS

Olho para a minha vida e me pergunto: o que teria acontecido se eu tivesse permanecido com a mente focada no medo, centrada em mim? E se eu não tivesse deixado de lado o medo nem tivesse me aberto para o amor de verdade, para a grandeza do amor de verdade?

É quase certo que eu não estaria onde estou hoje.

Veja, o medo é a principal coisa que nos segura.

Sem vencer o medo, não podemos viver uma vida radicalmente inspirada.

Pense nisso.

Tudo o que é apresentado neste livro, as sete escolhas para viver uma vida radicalmente inspirada, pode ser facilmente ocultado e sufocado pelo medo.

O medo impede-o de ser *responsável*. Não é mais fácil esperar que alguém resolva as coisas, dê um passo à frente e assuma a responsabilidade? O medo sufoca a possibilidade ao empurrar você para a frente com a expressão: "não é sua culpa... nunca é sua culpa".

O medo impede que você *assuma a sua história* por completo. Silencia a sua capacidade de ser, de celebrar e de compartilhar quem você realmente é. Ele o incentiva a manter a máscara colocada.

O medo faz com que você não consiga apostar tudo. Impede-o de arriscar-se e de ter impactos profundos. Diz-lhe para recuar caso alguma coisa dê errado.

O medo faz com que você se mantenha preso ao papel de vítima. Impede que sinta gratidão e se regozije com as bênçãos do dia a dia. Fica murmurando que você deve culpar os outros, sofrer e se afundar no desespero.

O medo o impede de crescer e de alongar-se. Torna implausíveis as contínuas melhoras e avanços em seus relacionamentos, negócios e na vida. Faz-nos sentir que é mais fácil ficar onde as coisas são confortáveis.

O medo o mantém preso em si mesmo. Faz com que o verdadeiro significado, o verdadeiro sucesso e a verdadeira vida abnegada sejam uma absoluta impossibilidade. O medo o faz lembrar-se de que vivemos em um mundo de competição cruel e que precisamos cuidar de nossas necessidades e de nossos interesses e desejos em primeiro lugar.

O medo mantém você empacado exatamente onde está, preocupado com os "e se" os "ah, não!" e os "o que eu posso fazer?". Mantém seus braços cruzados, sua armadura posta, seu punho cerrado.

Mas há outra possibilidade.

Sempre há.

E se você pudesse entrar em toda interação esperando receber um sorriso, fazer um novo amigo e estabelecer uma conexão verdadeira? E se cada momento fosse visto como um milagre? E se cada relação fosse vista não pela perspectiva do que pode dar errado, mas pela certeza de que o melhor ainda está por vir?

Medo.

Ou amor.

A escolha é sua.

O que você vai escolher?

ENTRE PARA A ORQUESTRA

Cicatrizes são para a vida toda.

Elas podem se tornar mais suaves com o tempo, podem diminuir de tamanho, mas nunca desaparecerão completamente. As minhas são tão grossas, que às vezes infeccionam. Esses abscessos se formam no interior do tecido das cicatrizes.

Começa com uma leve febre, uma leve dor no corpo e uma dor na área da infecção. Dentro de um dia a febre aumenta, o corpo dói, fica difícil até sair da cama, e a região em torno da infecção em expansão lateja.

Quando eu era criança, minha mãe, de algum modo, conseguia detectar uma infecção só de olhar para mim, pelo meu jeito de andar ou pela maneira como eu estava agindo.

A capacidade de farejador para detectar essas coisas malditas passou para a minha esposa. Beth, às vezes, sabe antes de mim que estou com uma infecção.

Apenas alguns meses depois de nosso casamento, Beth estava se preparando para o trabalho. Eu estava enrolando um pouco, ainda na cama, embaixo das cobertas. Apesar de dizer a ela que estava tudo bem, ela percebeu que algo ia mal. Sentou-se na cama, acariciou meu cabelo e perguntou se eu estava com outra ferida.

Não respondi.

Levantando a minha camiseta, ela viu uma grande infecção cutânea crescendo na minha barriga. Essas coisas são brutais. Fazem toda a área ficar vermelha e brilhante. Os abcessos podem projetar--se mais de dois centímetros para fora da barriga, espalhar-se por outros tantos centímetros de diâmetro. São dolorosos de suportar e horrorosos de se ver.

Beth perguntou o que poderia fazer por mim.

Pedi um pouco de água gelada, um remédio, e pedi também que ligasse a banheira. A água morna reduz um pouco a dor latejante. Ela desapareceu e ouvi a água começar a correr. Momentos depois, ela voltou, com um copo de água gelada e um remédio. Apoiou-os e sentou-se na cama comigo.

Delicadamente, ela levantou minha camiseta mais uma vez. Olhou para a lesão vermelha. Então, olhou para mim e disse.

– Odeio essas coisas. Mas amo você.

Então, ela se inclinou, beijou delicadamente a ferida, puxou minha camiseta para baixo e disse para chamá-la se precisasse de qualquer coisa.

Vamos lá, foi um ato hercúleo?

Não.

Aqueles de vocês que já tiveram uma grande dor e só quiseram ter alguém que a reconhecesse e com quem pudessem compartilhar o momento entenderão o poder daquele beijo. Aquela parte de mim que eu mais odiava, ela abençoou com um beijo.

Ela precisava beijar aquela cicatriz nojenta e dolorida?

Não.

Mas ela quis fazê-lo.

Ela não precisava fazer, mas quis.

Quais palavras trocamos no altar?

Eu aceito.

Com os anos, frequentemente, essas palavras que se originaram no amor transformam-se em *eu tenho de.*

E essa é uma mudança maligna.

Todos enfrentamos essa escolha diversas vezes por dia.

Fazemos algumas coisas por obrigação, por medo ou porque *temos de fazer.*

Ou fazemos por alegria, amor e porque *queremos fazer.*

Pense nisso por um momento. *Querer* fazer algo é muito mais libertador do que *ter* de fazer algo. *Eu tenho de* vem envolto no medo do que pode acontecer se você não fizer o que deveria fazer. *Eu quero fazer* é um presente para quem estiver perto de você.

A tensão e o estresse associados com *eu tenho de* trabalhar, perdoar, seguir em frente, cuidar do meu peso, limpar minha casa, pegar as crianças, estar em casa para o jantar se dissipam quando a frase começa com *eu quero.*

Apenas tente.

Eu quero limpar a minha casa significa que você está ansioso para ver como ela vai ficar bonita quando estiver limpa, a alegria que as pessoas sentirão quando entrarem nela e a sensação de realização depois de concluído o trabalho.

Ou *eu tenho de* limpar minha casa. Apenas mais uma tarefa chata na sua dura vida.

Eu quero estar em casa para o jantar significa que você não aguenta mais esperar para ver sua família, deseja a deliciosa refeição que partilharão e a chance de conversarem sobre o dia.

Ou *eu tenho de* estar em casa para o jantar. Isso se torna um martírio, você gostaria de ter mais trabalho a fazer, de poder tomar mais um drinque, e então arruma relutantemente as coisas e vai para casa, chateado por tudo o que deveria estar fazendo.

É apenas uma palavra.

Mas faz toda a diferença.

Ter o amor como motivador nos liberta. Não há obrigação. Há apenas alegria. Não se trata mais de você. Trata-se dos outros. E deixe-me dizer uma coisa: quando você expressa o amor para fora, cria o tipo de alegria que se espalha como fogo selvagem.

Jack Buck *tinha de* me ajudar ou de ajudar qualquer uma das outras pessoas em cujas vidas entrou?

Não. Mas ele *quis*.

Glenn Cunningham *tinha* de cuidar de nove mil crianças?

Não. Mas ele *quis*.

O enfermeiro Roy *tinha* de me prometer que eu voltaria a andar?

Não. Mas ele *quis*.

É essa escolha final que faz toda a diferença para começar a viver uma vida radicalmente inspirada.

NÃO HÁ NADA QUE VOCÊ POSSA FAZER A RESPEITO

Vou contar um segredo.

Se você vai transformar a sua vida de uma série de obrigações em uma longa lista de momentos de alegria, precisa conhecer esse segredo.

O amor não é reservado para aqueles do nosso círculo íntimo. Nossos amigos e nossa família. O amor é a moeda corrente do mundo. E você deve oferecê-lo a todos que encontrar.

Deixe-me explicar.

Todo dia escolhemos como nos aproximar de cada momento.

Somos livres para viver o nosso medo: "Como esse cara vai tirar proveito de mim, melhor eu fazer algo antes". Ou: "É melhor manter a guarda, porque esse cara pode roubar a minha conta". Ou: "Ok, já estou atrasado; então vou cortar as pessoas no trânsito, andar de cabeça baixa e fazer a vida girar em torno de mim. Das minhas necessidades. Dos meus desejos. Da minha vida. De mim".

Medo, frustração, irritação, antes mesmo de termos dado uma chance a alguém.

Mas temos o poder de abrir as portas para as possibilidades, assim como meu pai fez naquele dia na emergência do hospital.

Então, está pronto para o segredo?

É uma frase para dizer mentalmente sempre que encontrar alguém.

E você não vai gostar.

Como eu sei?

Porque isso é o que acontece quando eu conto esse segredo em minhas palestras.

– Virem para a pessoa ao seu lado e digam "oi".

Não importa quão grande ou pequeno seja o grupo, todo mundo faz isso. Então, ouvimos um coro de simpáticos "ois".

– Muito bem. Agora digam: "Isso também é esquisito para mim".

As pessoas riem, mas dizem.

– Excelente! Vocês estão indo muito bem. Agora vamos continuar: "Eu amo você e não há nada que você possa fazer a respeito!".

Um silêncio desconfortável toma conta do ambiente. As pessoas se remexem nas cadeiras.

– Certo... – eu digo. – Vamos tentar mais uma vez: – "Eu amo você e não há nada que você possa fazer a respeito!".

Lentamente as pessoas começam a murmurar a frase.

Qual é o problema em nossa cultura por nos sentirmos tão desconfortáveis ao expressar amor? Por que é algo que seguramos tanto, como se fosse uma valiosa *commodity* que, se você doasse, nunca obteria de volta?

Veja, o amor se multiplica.

E é aí que preciso impulsionar as pessoas.

– Ah, vamos. O que é isso? É assim mesmo que vocês dizem a alguém que a ama? Digam alto, com convicção! "Eu amo você e não há nada que você possa fazer a respeito!".

Enfim, as pessoas entram no clima. A sala cai na gargalhada. Sinto a mudança imediatamente. As pessoas baixam a guarda, abrem mão do ego e começam a perceber que se aproximar de alguém, mesmo de um total desconhecido, através das lentes do amor, é possível, além de um presente para todos os envolvidos.

Esse exercício não é apenas para fazer as pessoas rirem. Não é algo que eu recomendaria que se fizesse em um bar. Não. Vamos lá. Você é melhor do que isso! Mas aqui tem algo que você deveria considerar: e se você se aproximasse de cada situação em sua vida através das lentes do amor em vez de pelas lentes do medo?

Para sua esposa, pela manhã: "Eu amo você e não há nada que você possa fazer a respeito!".

Para a pessoa que corta na frente do seu carro no horário de pico: "Eu amo você e não há nada que você possa fazer a respeito!".

Para o atendente telefônico desmotivado: "Eu amo você e não há nada que você possa fazer a respeito!".

Para o seu colega de trabalho mais difícil: "Eu amo você e não há nada que você possa fazer a respeito!".

Para a mãe do outro lado do parquinho olhando para o seu filho: "Eu amo você e não há nada que você possa fazer a respeito!".

Essas palavras permitem que nos concentremos nos outros, em suas necessidades e no que estão dizendo. Mantêm sua atenção no que podem precisar naquele momento, em vez de focar no que podem tomar de você ou no que você pode tomar deles. E o concentra no presente, na possibilidade que vive neste fragrante e sagrado momento.

Essa pausa, e essas palavras, também podem ser usadas para você. Essas palavras lhe permitem concentrar-se na pessoa que, de longe, é a mais importante na sua vida: você mesmo. Elas o empoderam para respirar vida e possibilidades em todos os momentos. Permitem-lhe dedicar tempo para si mesmo, para cuidar da sua saúde, da sua alma. Porque se, antes de tudo, você não puder cuidar de si, será difícil, talvez impossível, que possa incentivar e servir os outros.

Eu amo você derruba as suas barreiras, e depois as dos outros.

Permite que você conquiste grandes coisas focando em pequenas coisas.

Quando faz isso, sua vida pode se tornar uma série de coisas que você quer, uma sinfonia de alegria.

Deixe a música começar.

PAPAI ATENDE À LIGAÇÃO

Posso pegar o carro emprestado?

Essa é uma pergunta que todo filho faz ao pai. Em meu segundo ano de faculdade, pedi o carro ao meu pai.

Eram férias de primavera, meus amigos iam esquiar e precisávamos de um bom carro para nos levar pela neve, que certamente iríamos encontrar. Meu pai havia acabado de comprar um Toyota 4Runner. Tinha CD player, bancos de couro, teto solar e menos de mil e quinhentos quilômetros rodados. Era quatro por quatro. Perfeito.

Meu pai me emprestou seu lindo carro e pegou meu calhambeque. Eu o abracei e agradeci. Prometi tomar cuidado. Então, enchi o carro, peguei meu amigo, e fomos para o Colorado encontrar o restante da turma.

Saímos no fim da tarde.

Começou a nevar por volta da meia-noite, quando estávamos na metade do caminho para Kansas.

Perto da fronteira do Colorado, estacionei, muito cansado para seguir dirigindo. Meu amigo, com os olhos brilhando e acordado à base de café, assumiu a direção. Ele me garantiu que não estava cansado e que estava pronto para dirigir.

Fechei os olhos.

Dez minutos depois, acordei com minha cabeça contra a janela do passageiro.

Rob tinha perdido o controle do carro. O carro, desgovernado pela estrada, bateu na proteção e foi para a esquerda, capotou em uma volta de trezentos e sessenta graus, foi parar do outro lado da estrada, bateu nas barras de proteção à direita, ricocheteou e deu mais uma volta. Até que paramos... de frente para os carros que vinham pela estrada.

Fisicamente, ambos estávamos bem. Mas o carro não ligava. Os faróis das dezoito pistas vinham em nossa direção. E os caminhões passavam buzinando, cobrindo-nos de neve ao passar.

– Precisamos tirar esse carro daqui! – gritei.

Meu corpo estava praticamente paralisado de medo. *Como vamos sair dessa situação?*

– Eu acho que o único jeito é descer e empurrar – disse Rob, mas seu rosto demonstrava que ele também não queria fazer isso.

Entretanto, ficar onde estávamos significava que iríamos morrer.

Descemos do carro e o empurramos pela neve, para fora da estrada, para o acostamento, livre de perigo. Estava gelado. Era madrugada, no meio do nada. O vento uivava. A neve caía. Ao menos, não estávamos mais na estrada.

Voltamos para dentro do carro para nos aquecer. E mesmo dentro do carro estava gelado.

Depois de girar a chave várias vezes sem obter resposta, o motor finalmente pegou. Coloquei o carro no modo de direção, virei-o para a direção certa e, lentamente, voltamos para a pista. Seguimos pela estrada com o para-choque arrastando pelo asfalto e os para-lamas contra os pneus. Estávamos no leste do Colorado, a civilização parecia algo muito distante, e continuávamos preocupados de ficar parados.

Depois de dirigir com cautela por muitos quilômetros, vi algumas luzes ao longe. Um oásis, uma pequena cidade, uma esperança. Conseguimos chegar até as luzes, saímos da estrada e encontramos um hotel.

Fizemos *check-in* por volta das três e meia da manhã.

Subimos as escadas.

Caímos em nossas respectivas camas.

Meu amigo começou a roncar quase imediatamente.

Eu fiquei ali deitado, o coração acelerado, a cabeça a mil.

Não dormi aquela noite.

Não era a preocupação pelo que tinha acontecido. Não era gratidão pelas barras de proteção laterais que nos impediram de ir parar longe da rodovia no meio da noite. Não era pelo frio que meu corpo ainda sentia por conta do ar gélido.

Não.

O que me manteve acordado naquela noite era a ideia de ligar para o meu pai e contar-lhe o que havia acontecido.

O 4Runner era novinho. Eu prometera tomar cuidado. E agora precisaria contar-lhe que o carro estava todo destruído em uma cidadezinha do Colorado. Eu amo meus pais e não gosto de desapontá-los. Odeio a ideia de abusar de sua confiança.

Às seis da manhã saí do meu quarto, fui até o *lobby*, peguei um café e liguei para o meu pai.

Ele é uma pessoa matutina e atendeu alegremente.

– Alô.

Tomei um grande gole de café, respirei fundo e disse:

– Oi, pai. Rob e eu estamos bem, mas tivemos um acidente de carro na noite passada, no Colorado.

– Você está bem?

– Sim, pai, mas seu carro está realmente destruído. Sinto-me péssimo. Você nos deixou...

– Escuta, John. O carro não é o problema. Isso é fácil de resolver. Só estou contente que estejam bem. Precisam de ajuda para conseguir outro carro?

– Vamos resolver tudo, pai.

– Tem certeza de que está bem?

– Sim. Completamente bem. Apenas me sinto mal pelo que aconteceu. Sinto muito. Vou reparar isso. Quando voltarmos pra casa, eu vou...

– John. O carro pode ser consertado. Chame um guincho, alugue um carro e tome cuidado enquanto esquia. Divirta-se. Amo você.

– Também amo você.

Desligamos.

E foi isso.

A enorme preocupação que eu tinha em relação à ira do meu pai foi desnecessária.

Mais uma vez.

Ele me respondeu com amor.

Eu amo você e não há nada que você possa fazer a respeito!

Apesar de não terem sido exatamente essas as palavras que saíram de sua boca, esse foi o sentimento que meu pai expressou quando disse que não estava preocupado com o carro, que só queria ter a certeza de que eu estava bem. Foi o que ele me fez anos antes, quando entrou no hospital e disse que me amava. *Você explodiu a minha garagem, quase se matou, não poderemos viver na casa por quatro meses, mas eu amo você. Eu amo você e não há nada que você possa fazer que vá me impedir de amá-lo.*

Esse é o sentimento que vejo vivo em Beth quando ela me encontra, sorri para mim, me ama mesmo quando viajo muito. Chego em casa exausto e estou longe da perfeição. *Eu amo você e não há nada que você possa fazer a respeito disso!* E certamente é o que vejo vindo dela na criação de nossos filhos... embora eles frequentemente tentem testar esse amor!

O amor nos dá um foco preciso no que realmente importa.

Sem ele, congelamos na escuridão.

Com ele, acendemos o mundo.

MILAGRES ACONTECEM

O amor é o maior poder que existe na Terra.

E esse incrível poder está prestes a voltar a brilhar.

Quase duas décadas depois de meu pai me encontrar na sala de emergência do St. John's Mercy, precisei ligar para ele do mesmo hospital. Era pouco depois de duas da manhã do dia 14 de novembro de 2005. Liguei para casa e o acordei. Eu nunca tinha passado por algo assim antes e precisava dele ali o mais rápido possível. Sabia que ele acordaria minha mãe, se vestiria, saltaria no carro e viria o mais rápido possível

Menos de uma hora depois, ouvi sua voz conhecida do lado de fora do quarto:

– Onde está meu filho John?

Eu sabia que ele chegaria.

E sabia como reagiria.

Enfim, naquele ponto de minha vida, eu conhecia meu pai.

Eu conhecia o amor.

Ele entrou no quarto, aproximou-se da cama de hospital na qual Beth estava deitada e beijou-a no rosto.

Então, aproximou-se de mim e sentou-se em uma cadeira.

Ele olhou para mim.

Seus olhos se encheram de lágrimas.

Ele curvou-se.

Olhou nos meus olhos.

Fixamente.

E disse.

Com delicadeza.

– John, eu amo tanto você. Tenho muito orgulho de você.

Então, curvou-se e deu um beijo na penugem que cobria a cabeça de Jack, meu filho recém-nascido.

Sorri para meu pai. Meus olhos cheios de lágrimas e meu coração cheio de orgulho.

Eu sabia que ele estava pensando no quão longe eu havia chegado. Sabia que também se lembrava dos meus medos antes de sair do hospital.

Eu agora era pai.

Era um milagre.

Uma vez, ele tinha entrado naquele hospital e enfrentado o maior pesadelo possível para um pai e, hoje, entrava para ver um sonho realizado.

Tínhamos chegado muito longe.

Equipe, irmãos, pais, celebridades, família, amigos e estranhos trabalharam por isso.

Deus orquestrou.

E o amor alimentou.

Que força incrível, inspiradora e libertadora para ser celebrada. Não é apenas por sua esposa e seus filhos, por sua mãe e seu pai. Não é apenas uma emoção reservada ao nosso time favorito de esportes, programa de televisão ou local de viagem de férias.

Não. O amor é como uma lente através da qual se pode ver a vida.

E, quando você faz isso, a vida se torna uma série de oportunidades, uma progressão de milagres, permitindo-lhe seguir em frente, não como um velho ranzinza, com medo de tudo o que pode estar oculto em cada esquina, mas como uma criança entusiasmada, de olhos brilhantes, apaixonada pela vida.

Você está pronto para unir-se a mim?

Medo *versus* Amor

Amo a luz, porque ela me mostra o caminho,
mas suporto a escuridão, porque ela me mostra as estrelas.

– Og Mandino

Há um mito que diz que o amor é suave.

A verdade é que, às vezes, o amor é duro. O amor age. Não é um sentimento sutil. Amar é um verbo, é desinteressado, e nos impulsiona a fazer coisas, em geral, para outras pessoas. Veja, o medo sempre é egoísta. Preocupa-se com o que se pode obter, com o que se precisa, com o que pode acontecer com você.

Amor? O amor é sobre os outros.

E, ao realmente nos importarmos com os outros, também somos cuidados.

Aqui está seu ponto de inflexão: medo ou amor? *Eu tenho de* ou *eu quero*?

Você só tem essa vida para viver. Quer levá-la escondendo-se por conta do medo, estressado por coisas que podem nunca acontecer, ocultando-se de possibilidades que pipocam a cada esquina? Viver com a mentalidade do *eu tenho de*?

Ou quer acordar todos os dias energizado com a possibilidade, com a certeza de que você tem o poder de mudar sua vida e a vida dos outros ao viver cada dia ardendo de amor? Ansioso por saber o que está atrás de cada esquina? Pronto para assumir as rédeas da sua vida?

Todos os dias podemos escolher: fechar-nos para as pessoas ou abrir o coração; cerrar os punhos ou abrir os braços. A escolha que fazemos pode transformar vidas, a começar pela sua.

Veja, quando você deixa o medo ir, suas mãos finalmente podem chegar ao amor e à alegria que você sempre desejou.

Escolha o amor.

CONCLUSÃO:

Despertar

Não confunda estar acordado com estar plenamente desperto.

Ganhei um presente incrível hoje.

E eu precisava disso.

Duas semanas atrás, os médicos fizeram enxertos de pele nas minhas costas.

Desde então, estou deitado de barriga para baixo porque não posso fazer pressão nas costas.

Quatorze dias olhando para o chão através de um buraco na cama.

Quatorze dias olhando para o mesmo piso cinza.

Mas, então, ele chegou.

Eu sou um grande fã de hóquei. E Gino Cavallini é um jogador de hóquei do St. Louis Blues. Ele tem me visitado há cerca de um mês, e é muito legal.

Hoje ele entrou no quarto.

Ajoelhou-se.

Olhou pelo buraco recortado no colchão.

Sorriu para mim.

– Como vai, campeão?

Eu estava com muita dor, amarrado à cama, olhando por um buraco, mal podia falar, e isso tudo já há duas semanas. Então, respondi:

– Fantástico.

Mas acho que ele percebeu que eu não achava aquilo de verdade.

– Campeão, no jogo de hoje vou fazer uma coisa pra você: vou marcar um gol.

Eu amo hóquei.

Sigo todos os jogos do Blues.

Sei muito a respeito do Gino.

Ele está mais para um cara forte do que para um marcador.

E eu não queria que ele fosse uma decepção, nem para ele... nem para mim.

Olhei para ele pelo buraco. Olhei em seus olhos e disse:

– Gino, faça um favor a nós dois. Entre numa luta em vez disso, cara.

Por algum motivo, ele riu.

E olhou para mim, ainda ajoelhado no chão. Gino continuava sorrindo.

– Está bem, campeão! Entendi. Se, no jogo de hoje, eu não conseguir marcar um gol pra você, prometo que entro em uma briga!

Conversamos mais um pouco.

Então ele foi embora, preparar-se para o jogo.

Naquela noite, mamãe e papai sentaram-se na ponta da minha cama, um de cada lado. E ouvimos o jogo de hóquei.

Em vez de olhar para o chão, fechei os olhos e imaginei que estava no jogo. Ouvir hóquei no rádio é como ouvir um leiloeiro... É muito rápido, excitante, mas nem sempre você tem certeza de estar acompanhando.

E foi aí que aconteceu!

Perto do fim do primeiro tempo, com o placar empatado em um a um, meu amigo Gino Cavallini cumpriu a promessa!

Isso mesmo!

Houve uma enorme confusão no centro do ringue de gelo.

Gino tirou as luvas e entrou na briga.

Abri um sorriso de orelha a orelha só de imaginá-lo brigando com um dos adversários, cuidando de tudo por mim!

Eu sabia que ele podia fazer isso!

Por um momento, eu flutuei naquela cama. Não podia acreditar que ele, realmente, tinha feito isso! Uau, espere só até eu contar isso aos meus amigos! Gino entrou em uma briga por mim!

Gino foi penalizado pela briga, mas o jogo continuou.

E nós continuamos ouvindo.

Perto do fim, Gino me deu outro presente.

O placar estava empatado em dois a dois.

O tempo estava acabando.

Então, ouvi o comentarista começar a gritar de alegria.

Sua voz foi ocultada pelo forte e longo som da sirene.

Eles soavam a sirene sempre que alguém marcava um gol.

O comentarista anunciou que o Blues tinha passado à frente, três a dois.

E o gol tinha sido de Gino Cavallini.

E os times sempre celebram depois dos gols.

O comentarista disse que havia comemorações, cumprimentos, abraços e... lágrimas.

Isso sim era um pouco estranho em um jogo de hóquei.

Eu sempre soube que Gino não era um grande marcador, mas não conseguia entender por que ele e todos os jogadores estavam tão excitados a ponto de chorar.

Minha mãe disse algo a respeito de estar esfuziante de alegria... de o gol significar muito mais do que apenas um jogo de hóquei... de um gol compartilhado por todo o time naquela noite... de um gol para que eu seguisse lutando.

Eu não sabia de nada disso.

Só estava feliz por ele ter entrado em uma briga.

Quando o jogo acabou, acomodei-me para dormir.

Horas depois, um alvoroço no corredor.

Jogadores de hóquei adoram celebrar suas vitórias. E costumam fazer isso em bares.

Mas, naquela noite, foi diferente.

Gino, seus companheiros de time no St. Louis Blues e uma mascote de mais de dois metros de altura saíram juntos para comemorar.

Compraram algumas dúzias de pizzas.

Um monte de refrigerante.

E foram para o estacionamento do hospital.

Entraram no elevador e desceram no quarto andar.

E foram fazer a festa no centro de queimados.

Minha mãe entrou, ajoelhou-se e, delicadamente, tocou-me no ombro, para que eu acordasse.

E disse:

– Tem uns caras do jogo querendo ver você.

Gino entrou.

Seus braços estavam cheios.

Ele tinha um prato de pizza, um grande copo de refrigerante, o bastão com o qual tinha marcado o gol da noite e um bicho de pelúcia azul de mais de dois metros de altura.

Naquela noite, comemoramos.

Comemoramos até quase duas horas da manhã.

As enfermeiras acabaram expulsando Gino e seus amigos.

Mas, antes de ir embora, Gino ajoelhou-se.

Olhou para mim através do buraco na cama.

Sorriu e disse:

– E agora, campeão, como você está?

Olhei para ele.

Sorri.

E respondi:

– Fantástico.

Estávamos em uma estação de trem.

Os três garotos estavam perto da faixa de segurança, virando a cabeça de um lado para o outro. Eles estavam animados para ver o próximo trem chegar à estação. Sua irmã menor, aninhada em meus braços, estava curiosa com o que fazia os irmãos ficarem tão animados.

Era uma fria e preguiçosa manhã de sábado e iríamos para uma aventura. Meus filhos e eu iríamos tomar o trem, saindo de onde vivíamos, para ir até a cidade almoçar e depois, para fechar com chave de ouro, iríamos até o Gateway Arch. Após vários dias de viagem, eu precisava de uns dias para ser pai. E, depois de quase uma semana cuidando sozinha de quatro crianças, minha incrível mulher não devia estar muito desapontada por ficar um tempinho sem eles.

Um dos meninos praticamente anunciou:

– Olha só, acho que está chegando! Sim! Olha, está chegando!

Mandei que se afastassem da faixa enquanto o trem entrava na estação.

Meus três filhos praticamente saltaram da plataforma para dentro do trem. Estavam muito animados!

Encontramos um lugar mais para o fundo do trem e ficamos confortáveis.

O trem estava cheio. Alguns passageiros estavam de olhos fechados, outros passavam o dedo na tela do celular e outros, ainda, olhavam pela janela, inexpressivos. Aguentavam a viagem e esperavam sua parada. Cansados. Entediados. Sobrevivendo.

E havia os meus filhos.

Era a primeira vez que andavam de trem. Eles apontavam e comentavam, entusiasmados, cada ponto que passávamos. Arregalavam os olhos nos túneis que atravessávamos e sempre gritavam quando cruzávamos uma ponte. Aquelas quatro crianças estavam animadas com a viagem.

Excitadas.

Despertas.

Vivas.

Incríveis.

Estavam radiantes.

Por que a experiência era tão diferente para elas?

Era o mesmo trem.

O mesmo caminho.

A mesma paisagem.

A mesma parada para muitos de nós.

E, ainda assim, era uma experiência totalmente diferente da típica viagem dos passageiros, se comparados aos meus filhos.

Por quê?

A resposta fácil é que eles são crianças, que é a primeira vez, e que primeiras vezes sempre são memoráveis.

Mas podemos ir além.

Meus filhos estavam plenamente despertos. Sabiam que estavam vivendo uma aventura. E não queriam perder um único momento.

Infelizmente, logo perdemos esse entusiasmo quando nos tornamos adultos, quando a nossa vida se torna uma série de tarefas e quando aprendemos a passar pelas coisas sem nem notar o que está à nossa frente. Nos tornamos sonâmbulos. A grande aventura da vida amadurece.

Mas nem sempre é assim. Você se lembra daquele forte sentimento de antecipação quando fez algo pela primeira vez?

À medida que vamos envelhecendo, mais distantes esses momentos parecem ficar.

Mas busque no fundo de sua memória.

A primeira vez que dirigiu.

O primeiro beijo, a primeira dança, a primeira apresentação.

Por um momento, estamos todos vivos, completamente conectados, plenamente presentes. Você estava completo naquele momento; estava entusiasmado com a antecipação, a excitação, a vida.

Ah, mas aí vem o segundo dia da escola, o segundo beijo, mais uma dança.

E depois a terceira.

Muito rapidamente, a excitação desvanece e a vida se torna uma série de experiências conhecidas e repetitivas. O entusiasmo desaparece. O tédio toma seu lugar.

Mas não precisa ser assim.

Podemos viver todos os dias completamente vivos? Completamente engajados? Com uma vida de primeira vez?

É claro que, a essa altura, você já sabe a minha resposta.

IMAGINE ISSO

Eu tenho um quadro de avisos em meu escritório.

Nele, estão diversos bilhetes enviados por clientes, participantes de eventos e amigos. Eles vêm de crianças, executivos, internos, enfermeiros, vendedores, pacientes, caminhoneiros, professores de escola. E lembram-me de que o meu trabalho é importante para que eles continuem seguindo em frente. Também tenho obras de arte e fotos expostas nesse quadro de avisos. Há uma de um profissional trabalhando no alto de um poste elétrico. Isso me lembra do meu trabalho com a Southern Company & Alabama Power – e do lindo presente que me deram ao promover o meu reencontro com o enfermeiro Roy. Há uma pintura de Jack Buck, em que ele está narrando um jogo, atrás do microfone. Muitos desenhos em giz de cera de jovens artistas que considero de grande valor, os quais compartilham o sobrenome O'Leary... e vivem todos na minha casa.

E meu quadro preferido.

Uma foto tirada em um quarto de hospital. A foto de uma senhora e eu.

Ela está na cama.

Por sua expressão, ela está na cama há muito tempo. Ela fala comigo, parece dura. Eu escuto, pareço atento. Mas há também um enorme sorriso em meu rosto.

O nome dela é irmã Gertrudes. Eu a conheci quando me preparava para fazer uma apresentação para os líderes da SSM Health. Como eu queria conhecer as freiras que haviam ajudado a construir o hospital e que tinham participado das fases iniciais da missão, visitei a casa de repouso na qual a maioria delas morava.

Entrei e irmã Gertrudes me convidou para sentar. Disse-me para puxar uma cadeira e colocar ao lado de sua cama.

E disse:

– Mais perto.

Aquele era o seu quarto, a sua casa, e ela estava no comando!

Ela pediu a minha mão, pegou-a entre as suas, olhando com absoluto foco em meus olhos, e começou a perguntar de mim. Queria saber mais sobre o meu trabalho, a minha vida religiosa, a minha família.

Logo percebi que aquela mulher, que estava na cama já havia seis anos, continuava muito viva, ativa e presente. Como meus filhos no trem.

E estava muito bem para os seus cento e cinco anos!

A visita foi incrível. Quando eu me preparava para partir, ela disse, diretamente:

– John – seus olhos azuis brilhavam –, me escute, você precisa acordar. Sua família precisa que você os conduza. Esse é o momento de acordar. Chega de viver sem propósito. Chega de desculpas. Chega de ser um sonâmbulo. É hora de acordar!

Ela não me mandou rezar todos os dias (embora isso seja algo que busco fazer).

Ela não me prometeu milagres (embora eu saiba que eles sempre acontecem).

Ela colocou o meu destino diretamente nas minhas mãos.

Hora de acordar.

O simples mantra de uma mulher notável.

Sempre que vejo a foto da irmã Gertrudes, lembro-me da sua coragem, da sua alegria e da sua fé. E também me lembro de muitos que me deram o mesmo conselho.

No final das contas, o que foi que meu irmão Jim fez no dia em que eu estava em chamas, enquanto eu tremia, deitado em choque na neve de St. Louis?

– John, acorde! Mantenha-se acordado! Você não pode dormir!

O que dizia Jack Buck sempre que entrava em meu quarto no hospital?

– Garoto, acorde!

Durante meu tempo de estudante, os professores sempre gritaram comigo:

– O'Leary, acorde! (Eu costumava divagar durante as aulas.)

Todo grande líder espiritual discute a importância de estar plenamente acordado, de aprender a viver no momento presente. Sem se fixar em como as coisas podem dar certo no futuro nem olhar para o que aconteceu no passado, com arrependimento ou sentimento de derrota. Algumas das últimas palavras de Jesus nos Jardins de Getsemâni abordam o manter-se desperto.

Essa escolha de estar plenamente desperto é tão importante como todas as outras lições presentes neste livro. De fato, nenhuma das sete escolhas importa se você não estiver verdadeiramente de olhos abertos. Nenhuma das escolhas chegará nem mesmo a ser visível, a menos que você busque ativamente pontos de inflexão a todo momento, sabendo que cada instante, cada exato momento, é o mais importante da sua vida.

Cada dia carrega em si o potencial de um milagre.

Os momentos, os aparentemente positivos e os aparentemente negativos, fornecem oportunidades para possibilidades e beleza.

Mas é preciso abrir os olhos para ver. Você precisa acordar.

UMA SEGUNDA CHANCE

Beth e eu corremos para o carro.

Entramos o mais rápido possível.

Girei a chave, dei ré e fomos para lá.

Momentos antes, estávamos dormindo. Era domingo de manhã e acordáramos com o telefone tocando. Lutei contra o sono até encontrar o aparelho.

– Alô?

Ouvi a voz de minha mãe.

Estava aflita e rouca.

Eu a escutei, perdi o ar, e respondi:

– Chego logo!

Beth e eu dirigimos em silêncio.

Não demoramos para chegar.

Virei na rua.

Um caminho que fiz milhões de vezes. Voltar para casa da escola, da igreja, de jantares. Voltar para casa da casa de amigos e das festas familiares. Voltar para casa depois de passar cinco meses no hospital.

Eu conhecia bem.

E eu amava.

Dessa vez, era diferente.

Dessa vez, eu estava odiando.

Quando me aproximei de casa, minha preocupação aumentou.

Mesmo antes de poder ver a casa, eu podia ver a fumaça a distância.

A fita amarela da polícia demarcava a área e limitava o acesso.

Diversos caminhões de bombeiros estavam em frente de casa. As mangueiras ligadas aos hidrantes.

E esses esforços eram dirigidos à casa dos meus pais.

Que estava em chamas.

De novo.

Como era possível?

Quais as possibilidades?

Eu não podia acreditar.

Estacionei o carro, desci e olhei.

Meu coração palpitava ao ver aquela fumaça grossa saindo de nossa casa. Quase passei mal ao ver os bombeiros quebrando a janela, as chamas saindo pelo telhado e subindo para o céu.

No pequeno morro ao lado da casa, sentados abaixo de uma árvore, estavam minha mãe e meu pai. Abraçados. Vendo sua casa queimar.

Outra vez.

Eles tinham cuidado do jardim naquela manhã.

Um deles colocou algo na torradeira, foi para o jardim trabalhar um pouco mais e a torradeira deve ter esquentado demais. Pegou fogo. As chamas pegaram no papel de parede, queimaram o armário e se espalharam pela cozinha. Quando meus pais ouviram o alarme de incêndio da casa soar e viram a fumaça, esta era tão forte que eles não conseguiram entrar em casa.

Na hora, acordaram um vizinho, chamaram a emergência e os bombeiros chegaram. Mas era muito tarde. A casa de meus pais estava completamente em chamas.

Sim, eles estavam bem.

Ninguém se feriu.

Todos somos gratos por isso.

Mas foi doloroso.

Aquela ferida.

Aquela queimadura.

Sentados juntos sob a árvore, chorando, vimos nossa casa queimar e começamos a discutir o que faríamos em seguida.

Eles precisariam encontrar um lugar para ficar. Precisariam de novas roupas, remédios para o meu pai, produtos de higiene da minha mãe. Precisariam reconstruir sua vida. E precisariam reconstruir sua casa.

Então, abracei os dois e disse:

– *Não se preocupem. Vai ficar tudo bem.*

E disse isso confiante de que tudo iria sim ficar bem.

Anos antes, muitas pessoas zombaram quando escolhi ser construtor.

Por que um cara sem dedos, que não se dá bem com calor, com formação em finanças, entra em um negócio em que sua pele com cicatrizes levaria uma surra, em que iria suar como louco o dia todo e chegar em casa exausto à noite... para acordar cedo no dia seguinte e fazer tudo de novo?

Às vezes, eu também questiono a escolha.

Mas, no fundo, sei porque escolhi.

Desde o incêndio, esforço-me muito para superar possíveis limitações e provar às pessoas que posso fazer qualquer coisa. Certamente, eu poderia ter escolhido um trabalho de escritório. Em vez disso, escolhi martelar pregos, subir escadas, fazer a parte física que as pessoas presumiam que eu não poderia.

Mas ali, vendo minha casa de infância em chamas outra vez, senti que, enfim, eu compreendera a existência de um propósito naquilo tudo.

Como construtor, eu finalmente tinha algo que realmente me interessava construir.

Como construtor, eu podia reconstruir a mesma casa que eu havia incendiado duas décadas antes.

Como construtor, eu podia cuidar do estresse, da tristeza e do fardo que, de outra forma, atingiria meus pais.

Como construtor, podia dar esse pequeno presente aos meus pais.

Minha mãe e meu pai tinham me dado a vida, me amado quando criança, me ajudado em minha reconstrução depois do incêndio, e me apoiado e incentivado fortemente desde então.

Em outras palavras, eles me amavam.

Agora eu tinha uma oportunidade de refletir um pouco desse amor de volta para eles.

Mais tarde, no mesmo dia, depois que os caminhões dos bombeiros tinham ido embora, entramos de novo em casa. A casa estava toda escurecida e chamuscada. O terrível cheiro de coisas queimadas dificultava a respiração. Pegamos o que pudemos lá de dentro. Ainda tínhamos alguns álbuns de fotos. Ainda tínhamos amigos e familiares. Ainda tínhamos uma forte fé de que Deus opera através de todas as coisas. E ainda sabíamos, *sabíamos* completamente, que, apesar das cinzas, o melhor ainda estava por vir.

Sabíamos que poderíamos reconstruir.

Sabíamos que ficaria tudo bem.

E sabíamos a verdade por trás das palavras escritas pelo marechal Ferdinand Foch, um século antes: "A mais poderosa arma na terra é a alma humana em chamas".

O QUE ISSO SIGNIFICA PARA MIM?

Era a minha primeira viagem como palestrante para fora do país.

Eu estava nervoso e inseguro.

Não sabia ao certo como contar minha história ou o que ela significaria para a plateia. Eu precisava que *eles me* aprovassem. E essa é a atitude errada para se ter na vida, ainda mais como palestrante.

Durante a parte de perguntas e respostas, um senhor que estava no fundo da sala levantou-se. Ele recebeu o microfone. E começou sua pergunta agradecendo-me por meu tempo, pela minha história, pela minha coragem. Então, ele disse "mas...".

Ah, odeio essa palavra! Ela apaga e invalida tudo o que foi dito antes!

– Mas o que tudo isso tem a ver comigo?

Ele tinha um bom ponto!

Meu amigo, neste ponto do livro, espero que você seja capaz de responder essa pergunta por conta própria. Espero que entenda o imenso poder de nossas escolhas. Rezo para que compreenda que a sua vida é uma bela história.

Mas é preciso que você tenha olhos para ver isso.

Pode não ser exatamente a história que você sonhou para a sua vida, mas ela é perfeitamente sua. E o que vem a seguir depende totalmente de você.

Talvez seja o momento de parar de desejar ser outra pessoa. Talvez seja o momento de acordar para a beleza da sua vida hoje.

Quando Gino entrou no meu quarto, vitorioso e entusiasmado, depois de marcar aquele gol, as coisas estavam perfeitas?

É claro que não! Eu estava deitado numa cama olhando para o chão! Todo o meu corpo era uma ferida aberta e eu sentia uma dor insuportável.

Mas, ainda assim, consegui ver a oportunidade de comemorar!

As coisas podem não ser perfeitas em sua vida.

E elas raramente são.

A chave, então, é escolher dançar com as imperfeições, com as dores e com os curativos, mesmo se você estiver preso a uma cama. Veja, não podemos esperar as circunstâncias perfeitas para ir à festa. É hora de acordar e começar a participar dela agora. Porque todo momento importa. Todo dia conta. Todo minuto é uma oportunidade.

Espero que você veja a minha história como um testemunho de que não importa qual adversidade cruze o seu caminho, isso não é o fim da sua vida. Se aprender a ver isso como oportunidade para superar, aprender, se alongar e acordar – para perguntar: "*Para onde isso pode estar me levando?*" –, você perceberá a força que tem. E essa força é mais do que suficiente.

Há uma citação que eu adoro. Alguns a atribuem a John Lennon. "Tudo termina bem. Se não está bem, é porque não chegou ao fim."

Se não está bem... é porque não chegou ao fim.

Isso, veja, é fé.

Quem vê uma foto minha na cama de hospital, na noite depois do acidente, presume que a minha vida é uma tragédia. Vinte anos depois, porém, encontro-me subindo ao altar, esperando uma linda mulher, o amor da minha vida, cruzar o corredor.

Se ainda não está tudo bem, é porque não chegou ao fim.

Quem vê uma foto de quando fui falar para as Bandeirantes, atrás de uma mesa, lendo um pedaço de papel, assolado pelo momento, presume que se trata de um coitado que tem de procurar outro emprego. Dez anos depois, porém, encontro-me falando diante de milhares de pessoas.

Se ainda não está tudo bem, é porque não chegou ao fim.

Quem vê uma foto de quando eu tentava manejar um martelo de maneira esquisita, entre duas mãos sem dedos, presume que eu deveria buscar outro caminho. Porém, pouco tempo depois do segundo incêndio da casa dos meus pais, veriam em mim um determinado mestre de obras, orquestrando a rápida reconstrução da casa queimada.

Se ainda não está tudo bem, é porque não chegou ao fim.

Veja, sempre há uma chance de redenção.

Sempre há uma chance de reconstrução.

Sempre há um milagre esperando logo ali na esquina.

Mas é preciso abrir os olhos para ver.

Este livro é um convite para você recomeçar a sua vida.

Agora você tem a informação.

Agora você tem o poder.

Você pode voltar a tirar um cochilo; seguir como um sonâmbulo na zumbilândia.

Mas não confunda estar fora da cama com estar desperto.

Também não confunda estar muito ocupado com ser, de fato, eficaz.

E não confunda não estar morto com estar plenamente vivo.

Esta é sua chance. Você pode sair da cama, ver o ponto de inflexão à sua frente e decidir por qual caminho seguir adiante.

Pode ver a sua vida como a aventura que ela é.

Pode decidir viver desperto.

Pode viver uma vida radicalmente inspirada.

E ela começa agora.
É a sua vez.
É o seu dia.
Viva com inspiração.

Agradecimentos

Eu, sozinha, não posso mudar o mundo. Mas posso atirar uma pedra na água e criar muitas ondas.

– Madre Teresa

Às vezes, nós não tomamos uma decisão, não damos passos maiores nem corremos riscos porque não achamos que um telefonema, uma conversa ou uma pessoa possa fazer a diferença.

Nós não acreditamos que podemos, de fato, mudar nosso próprio mundo, que dirá o mundo inteiro.

Depois de ler este livro, você sabe que um dos maiores heróis da minha vida é o locutor Jack Buck.

A vida dele, sem dúvida, mudou a minha.

Mas não se esqueça de como Jack Buck soube de mim para me visitar.

Uma amiga da família, Colleen Schoendienst, ligou para contar a seu pai, Red, sobre o incêndio, e pediu a ele que me mantivesse em suas orações. Naquela noite, o pai dela foi a um evento de caridade, sentou-se ao lado de seu amigo Jack Buck e mencionou o telefonema que recebera da filha.

No dia seguinte, Jack me visitou. A escuridão e a dor foram substituídas por luz e possibilidade.

Minha vida mudou.

Um telefonema. Uma menção. Uma visita.

Não tenho dúvida de que mais de uma pessoa mudou minha vida, e é simplesmente impossível agradecer adequadamente a todas.

Então, obrigado a todos os Colleens, Reds e Jacks. Aos colegas de sala, de trabalho e amigos. Cada um de vocês, cada um de nós, de fato, muda o mundo.

Eu seria negligente se não reconhecesse a minha incrível família. Meus pais, Susan e Denny, e meus irmãos Jim, Cadey, Amy, Susan e Laura: vocês são os únicos que me deram a vida. Vocês são aqueles que salvaram a minha vida. Vocês são aqueles que preencheram as minhas memórias mais antigas com alegria, fé e risos. E vocês são aqueles que continuam a me incentivar e me amar ainda hoje.

Minha linda esposa, Beth. Você traz mais alegria aos meus dias do que eu pensava ser possível. Sou muito abençoado por te amar e por criar nossos filhos com você. Que eu fique mais apaixonado por você a cada dia. E meus filhos, Jack, Patrick, Henry e Grace: vocês nos enchem de orgulho, felicidade e amor além do que as palavras podem expressar.

E, finalmente, a minha equipe de editorial. Ufa! *O menino que acreditava em milagres* era um sonho meu há anos. Sem esse time de estrelas, a sua realização não teria sido possível. Sou eternamente grato por sua orientação.

Michael Palgon, meu agente em Nova York. Você trabalhou incansavelmente durante três anos, estimulando o garoto do Centro-oeste a cavar fundo para "encontrar a história". Seu foco em manter minha voz autêntica, impactando cada leitor, e navegar o mundo editorial foi inestimável. Obrigado.

Cindy DiTiberio, minha editora e copiloto. Escrever um livro pode ser um processo desgastante, solitário. Tê-la como copiloto à medida que trabalhávamos em meio a desafios, descobrimento de histórias importantes, organização da espinha dorsal do livro e viajar com você nisso tudo foi uma alegria. Este livro simplesmente não existiria sem os seus esforços.

A brilhante Michele Martin, minha *publisher*; minha incrivelmente dedicada editora Michelle Howry; e toda a equipe North Star Way da Simon & Schuster. Sua crença neste livro e em seu potencial para tocar os leitores desde o primeiro dia foi o que me alimentou para ver além deste projeto. Obrigado por seu apoio inquebrantável, extraordinária visão e paixão pelo trabalho que fazem.

Eu não apenas tenho o melhor trabalho do mundo, mas também tenho a melhor equipe para garantir que ele se torne realidade. Assim, um enorme obrigado à minha equipe tremendamente apaixonada pelo *JohnOlearyInspires.com*, incluindo Deanna McClintock Lester, Abby Richter, Molly Frank e Sandy Montgomery. Por causa de vocês e dos nossos mentores, clientes, parceiros e membros do conselho com quem tive a honra de trabalhar, é possível para mim capacitar outras pessoas a viverem de maneira inspirada. Compartilhando sua sabedoria, apoio e tempo, vocês têm tocado incontáveis vidas, incluindo a minha.

E, finalmente, agradeço a você, leitor. Quando comecei a escrever este livro, tinha a esperança de ser capaz de compartilhar as lições que mais dramática e positivamente me impactaram e me incentivaram a viver uma vida radicalmente inspirada a cada dia. Este é um convite para que você acenda a sua vida inspirada radicalmente.

Que você possa perceber o impacto da sua vida e que possa viver inspirado.

TIPOGRAFIA BEMBO E ELECTRA LT

IMPRESSÃO IMPRENSA DA FÉ